安倍首相も
朴大統領も知らない

「反日」の秘密

朝鮮半島をめぐる巨大な謀略

鬼塚英昭
Onizuka Hideaki

SEIKO SHOBO

はじめに

私はなぜ〝韓国〟について書くのか

私は私事を今まで一度も自著の中で書いたことがない。しかし、ここでは私事を、それも韓国に関係のあることを書くことから始める。

一九七〇年代の初めごろと記憶する。一九七一年か七二年か、定かではない。私が三十三歳の頃の話である。私は大分県別府市で竹製品製造卸しを商売としていた。別府の産地問屋にも製品を卸す一方、全国津々浦々を回り注文を取っては発送していた。自分の生産工場でも竹製品を作るし、外注での製造もさせていた。私がデザインしたものを主に作らせていた。東京のある貿易商の紹介で、韓国で製品を作らせることになった。台湾でもすでに作らせていたので、その延長線上であった。

一月の雪降る日だった。ソウル郊外で取引先の社長と商談し、当時、総額百万か百五十万円ほどの竹製品を作らせた。今なら七百万円か八百万円であろう。私の会社は年間五千万円ほどの売上げがあった頃だから、いい商売ではあった。しかし、その一回きりで韓国との取引を断念した。

商談が終わり、ソウル駅近くのビジネスホテルに投宿し、駅前の居酒屋で酒を飲んだ。だが、その後の記憶がどうもはっきりしない。気がつけば、二人の若い女性と暗闇の中を歩いていた。別の店で酒を飲もうと誘われたのか、それとも予約したホテルまでの道順に自信がなくて通りすがりの女性に聞いたのかもはっきりしない。

と、暗闇の中から十人近い青年が突然私の前に現れ、私に暴力をふるおうとした。二人の女性が真剣に彼らをなだめてくれた。そしてどうにか事なきをえた。この悪夢のような思い出がその後、韓国のニュースを聞いたり、雑誌で読んだりするたびに、いつも甦ってくるのだ。この本を書いている時もそうだ。「なぜか?」と思えてならない。

しかし、私はこの本を書きつつ、韓国について学びつつ、愛国教育を受けた青年たちのことを学びつつ、あの時の青年たちの〝怒り〟をいくらか理解できるようになった。

もう一つ記すことにする。私はソウル駅前で、多数の少年たちに「ギブ・ミ・マネー」といわれた。雪降る寒空のもと、彼らは薄着だった。空き缶を私の前に差し出したのだ。日本は高度成長期を迎えようとしていた。日本とは二十年のギャップがあると思った。

この本は、そうした私の苦い経験が下敷きとなっている。「反韓論」の類の本は出版されるたびに買い求めて読んだ。数十冊にはなる。その中から数冊を引用させてもらった。読んでいて、正直言って、とても悲しい気持ちになった。「なぜか?」と、私はこの本の中で疑問符を幾度も投げかけている。「反韓論」を超える本を書こうと努力した。どこまで書けたかは分からない。読者の判断を待つことにしよう。

二〇一四年六月　　鬼塚英昭

第三章 ■ 「次なる戦争」への前奏曲

第七章 韓国と日本の悲劇に解決策はあるのか

装幀 ■ フロッグキングスタジオ
写真 ■ ウィキメディアコモンズ
製作協力 ■ デジタルスタジオ
コラージュ制作 ■ ホープカンパニー

第一章

冷戦の計画者の予言「日韓は憎悪する」

■——しだいに変化していったアメリカの対日政策

反日思想がいつ生まれてきたのかを問うとき、日本が大韓帝国を滅ぼし、一九一〇年（明治四十三年）に日本が朝鮮併合を実行したとき以降とする説が一般的である。しかし、私は異説を展開し、読者をあえて朝鮮戦争の場へと誘い込む。それは、この戦争以降にはっきりとした形で、反日思想がその姿を現すからである。

韓国の反日思想を日本人が意識しはじめたのは、竹島問題がクローズアップされてからであろう。竹島問題は後述することにし、一冊の本を紹介する。ジョージ・ケナンの『アメリカ外交の基本問題』（一九六五年）から引用する。ケナンは国務省のブレーンであり、朝鮮戦争のシナリオを書いた、いわば東西冷戦の計画者の一人であった。

一九五〇年、韓国が攻撃を受けたとき、アメリカが強力な反撃に出るに当って考慮したこと、少なくとも当時それに関係した幾人かのアメリカ人が考慮したことの一つは、韓国が共産主義者の手に落ちれば日本の国内治安に脅威を及ぼす恐れがある、ということであった。これは日本共産党内とくに日本の大都会にある共産党組織で、朝鮮人が重要な役割を果していたからである。今日でも日本は朝鮮の南半部で起ることに敏感に影響される（今後もそれは変るまい）。

ケナンたちアメリカ政府（特に国務省の高官たち）が朝鮮戦争の勃発とともに一番懸念したのは日本をいかにして守るかであった。この点も後述する。

さて、次に引用する文章を読んで、読者はいかに思うであろうか。一九六五年、すなわち、朝鮮戦争から十五年後の時点ですでに、ケナンは日韓関係の悪化を予言しているのである。文中、「この地域」とは極東、すなわち、中国、北朝鮮、韓国、日本の地域をさす。

この地域に対するアメリカの想定にはじめははいっていなかった要素だが、韓国と日本の間に秩序と実りのある効果的な関係をうちたてようとする努力が、これまで成功を収めていない事実を認めねばならない。行きづまりは韓国政府のためというより、〔引用者註：韓国国内の〕一部の過激な世論のために生じているのだが、それにしてもこの遺憾な事実にあまり変りはない。理由はともあれ、韓国と日本の関係を正常化しようとする努力はこれまでのところ不成功に終っており、成功する見通しも現在あまりないことは、認めねばならない。これはアメリカの政策を決定するに当って、結局は考慮に入れねばならない現実である。圧倒的に平和を愛好する今日の日本との満足な関係を樹立することに反対する韓国の人たちは、アメリカの保護下にある有利さに対してほとんど感謝の気持をもっておらず、アメリカがこの地域で引受けている責任を果すのを助けようとする気持もほとんど示していない。たしかにアメリカ側のいかなる人間も、韓国を助けに赴いた結果が、戦後の日本に対してあらたに韓国民の敵意を育てて容易にとり除き得ないことになろうとは、五〇年当時には想像もしなかった。

ケナンが「五〇年当時」と書いているのは、一九五〇年の朝鮮戦争勃発当時ということである。「韓国民の敵意を育てて」とあるのは、戦後の日本への敵意のようにケナンは書いているが、アメリカに対する敵意とも読める。韓国人は朝鮮戦争を通じて、アメリカと日本に敵意を持ち続けた、とケナンは書いていると私は理解する。

さらに続けて引用する。

新しい国民生活を築こうとする日本の努力は、部分的にはアメリカからの精神的な刺激を受けてなされたものであり、その成功に対してアメリカは、かなりの程度責任を負っていたのである。

韓国内の内政面の失敗はとにかく非常に重大だが、その韓国の政府が今後もアメリカの対日政策を妨げる「おもし」となるなら、いずれアメリカも対韓政策全般を考えなおさざるを得なくなろう。なぜなら、韓国は重要だが、日本はさらにもっと重要だからである。

このケナンの文章には韓国と日本の関係が見事に描かれている。しかし、ここで注意しなければならないのは、ケナンは朝鮮戦争終了後から十年間のことを書いていることである。では、現在はどうかということになる。仮に韓国の重要性が日本より勝っていると解釈するならば、反日思想の浸透をアメリカが韓国に認めていることになる。

ケナンは次に引用する文章で気になることを書いている。

ここに述べてきたことがらは、それ自身、これまでアメリカ軍の韓国駐留を必要としてきた諸条件が、急激に、あるいは根本から変ったことを意味していない。これが日本および日本周辺のほかの場所におけるアメリカ軍の駐留に対してもつ意味合いを考えあわせてもそうである。しかし朝鮮戦争当時、あるいはそれ以後のアメリカの政策を形づくる背景となった情勢に重要な変化があらわれてきたことを示しているのはたしかである。

ケナンは「アメリカの政策を形づくる情勢」に重要な変化が表れてきたと書いている。それは「韓国は重要だが、日本はさらにもっと重要だからである」というアメリカの当初の政策が、じわじ

東西冷戦の計画者の一人、ジョージ・ケナン

わと変化してきたと書いているように思えるのである。

私たち日本人は韓国の人々の心の変化に何ら関心を払うことなく、朝鮮戦争特需で経済が復興し、それを喜んで日々を過ごしてきた。そして、時が流れ、二十世紀の終わりとなる頃に、ある日突然、反日思想の出現に驚くのである。この反日思想がいかに生まれてきたかを深く追究せずに、韓国人の激しい主張に対し、「理にあらず」と反論するようになった。こうして「反日思想」は「反韓思想」を生むにいたった。

ここで私は一つの疑問を読者に投げかけることにする。

反日思想を韓国の人々は持ち、反日行動を続けているが、どうして韓国の人々は反米思想を持ち反米行動をしないのでしょうか――。

「反米」が「反日」に巧妙にすり替えられた

私は反米思想がアメリカにより、反日思想へとすり替えられたと思うのである。

朝鮮戦争を描くなかで、朝鮮の人々が国を二分され、しかも国土は荒廃し、国民の多くが死亡した戦争の仕掛人はアメリカであったことを私は書いていく。しかし、すべての悪《あく》は日本人の残虐行為に〝すり替えられた〟のである。

どうして、そのような歴史の修正がなされたのであろうかを私たち日本人は考えないといけないと私は思う。

次項に移る前に、韓国の反日思想について私見を一つ書くことにする。反日思想の根底にあるのは分極性思考である。やさしく表現すれば、オール・オア・ナッシングの考えである。ここにあるのは中間的な考えを認めない、絶対的な主張である。韓国国民はすべて善《よ》し、反対に日本人はすべて悪《あく》という思想である。

私はこの分極性思考が反日思想と深く結びついたと考えている。その源を遡れば、韓国の人々が日本憎しの想いを愛国教育に結びつけたからである、とするのが私の分析である。子供の頃に愛国教育を受けたがゆえに、韓国の人々は骨の髄まで日本を憎悪する心を持つにいたったのだと私は理解している。彼らは、たえず日本人を憎む習慣を子供の頃から教え込まれたために、「反日」という絶対的思考法から逃れられなくなっている。これは子供の頃に恒常的に憎悪という悪徳思考をくりかえし学習した結果である。彼ら韓国人は絶対的に考える傾向を持つが、このことが絶対的絶望状態を引き起こしていることを理解していない。

では、私たち日本人は、こういう韓国の人々に、絶対というものは存在しないということを教えなければいけない。その教え方があるのであろうか。それはあるとも言えるし、無いともいえる。彼ら韓国人を説得することは不可能に近い。しかし、彼らの反日思想の起源を知ることによって何らかの手段が見えてくるかもしれない。私は日本人が韓国人に対し、罪悪感を、やさしく言えば、健全なる罪悪感を持つべきではないかと思う。言葉を換えれば、道徳的な恥ずかしさである。

私たち日本人は朝鮮戦争のとき、朝鮮民族の苦境を足掛かりにして繁栄の切っ掛けをつかんだのである。そこに健全なる罪悪感と道徳的な恥ずかしさを持って朝鮮戦争を再度検討してみてはどうであろうか。私たち日本人は繁栄への道を韓国の人々の苦境下において進みえたことに、良心の痛みを感ずるべきではないだろうか。

朝鮮戦争で虐待された国民は、その子孫に虐待された想いを伝えた。ここに虐待者と虐待された者は歪《ゆが》んだ価値体系を共有することになったのである。私たち日本人は「韓国の勝手でしょ」と思っているが、問題は実に複雑なのだ。サディスティックな精神が作り出す現実を前にして、私たち日本人の生活までもが大きく影響されだしている。

日韓のこの問題を解決しなければ、日本をとりまく諸問題は解決しえないと言えるほどになってきた。全面的な解決はともかくとして、よりよい方向へとこの日韓問題を移行させなければならない。今や日韓の間に横たわる人間関係の葛藤は避けることができなくなった。私は、この葛藤を受容する能力を持つことを日本人同胞に期待する。韓国との間に協力、相互依存、そして健全な競争意識を持つことは不可能であろうか。なによりも私たちは健全なる自己価値意識を持ち、この難問に挑戦したいと思う。

韓国人が目の当たりにした歴史の悪夢

私は朝鮮戦争を中心にこの章を書こうと思う。しかし、時系列に従って書くことはしない。読者は少々戸惑うかもしれないが、どうかお赦し願いたい。この本の中心課題は「反日思想の起源を探る」ことにあるゆえである。

まず私は一九四五年八月十五日、すなわち日本が敗戦した日を中心にこの項を書き始めることにする。この項を書き始める前に、アメリカの神話学者ジョーゼフ・キャンベルと著名ジャーナリスト、ビル・モイヤーズの共著『神話の力』（一九九二年）から引用する。朝鮮民族の悲苦を知るためである。

モイヤーズ　神話における善悪の理念とか、人生の暗闇の力と光の力との葛藤だという考えについてはどうなんでしょう。

キャンベル　それはもともとゾロアスター教の考えで、ユダヤ教とキリスト教に入ってきたものです。他の伝統においては、善と悪とはいまあなたが置かれている立場に対して相対的です。ある人にとっての悪が、他の人にとっては善なのです。そして人は、この世界がいかに恐ろしいかを知ったあとも、そこから逃れることなく、その恐怖が単に驚異の——恐ろしくも魅力的な神秘の——前景であることを見てとって、自分の役割を果たすのです。

「生きることのすべては悲苦である」とは、ブッダの最初の教えですが、まさにそのとおりですね。生きることに〈はかなさ〉が伴わぬかぎり生とは言えません。はかなさは悲しみです——喪失、喪失、喪失。あなたは生を肯定し、このままでもすばらしいものだと見るべきです。この人生は、神の意図をそのまま表したものだろうと。

モイヤーズ　本気でそう信じておられるのですか？

キャンベル　人生はこのままでも喜びに満ちています。だれかが意図して生をこういうふうにしたとは信じませんが、これは本来の姿だと思います。ジェイムズ・ジョイスは忘れ難い文章を書いていますーー「歴史は、そこから私が目覚めようと努力している悪夢だ」というのです。そこから目覚める方法は、恐れないこと、そして、そのすべてが、いま在るがままで、全創造の途方もなく巨大な力の顕現だと認めることです。物事の終焉は常につらく悲しいことです。しかし、悲苦はこの世に生きることの避け難い一部なのです。

長い引用となった。キャンベルが言わんとすることは、生きるということは悲苦そのものであるということである。しかし、彼はたんなる悲観論者ではない。彼は「私はこのゲームに参加する。それはすばらしい、すばらしいオペラだーー苦痛を与える部分を別にすれば」とも語っている。彼はまた、「私はこの人生に参加する。軍隊に入る。戦争にも行く」とも語っている。

私はかの時、一九四五年八月十五日、日本が敗北した日、朝鮮（南朝鮮と北朝鮮）の人々も同時に敗北感を味わったと思っている。それはなぜか。彼らは戦わずして日本の敗北に直面したからである。キャンベルはジェイムズ・ジョイスの「歴史は、そこから私が目覚めようと努力している悪夢だ」との言葉を引用している。

私は黒田勝弘の「『民族の鬱憤《うっぷん》』残り続ける理由」（月刊「新潮45」二〇一四年二月号掲載）を読んで、一つの謎が解けたと思った。黒田勝弘は産経新聞ソウル駐在客員論説委員であり、三十年以上韓国に関わっている。その黒田が次のように書いている。

ただ、反日がなかなかなくならないと思うのは、それが「謝罪と反省」を含むいわゆる歴史認識など日本側に問題があるというより、韓国側に問題があるからだ。その最大の問題とは、筆者のかねてからの持論であるが、一九四五年八月十五日の韓国の解放・独立のあり方という、今になってはどうしようもない過去の歴史の切なさである。

これは日本人がいうには忍びないことだが、韓国が日本支配から脱出するに際し、自ら日本と戦って勝ち、自らの手で日本を追い出しておれば、その後の今に続く反日はなかった、あるいはかなり様相を異にしていただろうということである。日本と堂々と独立戦争を戦い、日本に勝つことで日本支配を脱したのであれば民族的鬱憤は残らず、今さら反日をやる必要はない。その場合、日本支配がいかにひどかったかなど、あらためて誇張（？）した反日教育もする必要はなかっただろう。今に続く反日はその歴史的鬱憤なのだ。

だから、たとえばベトナムもインドネシアもインドも、フランスやオランダ、英国と戦いその支配から自力で解放・独立を勝ち取ったため、貧しくても今さら相手に「謝罪や反省、補償」など要求しないし、旧支配国に対し露骨にナショナリズムをぶつけるようなことはしない。したがって韓国における反日の解消は結局、「日本と一度戦争して勝つこと」しかないということになる。しかし日本としては当然、絶対に負けられないから反日は続く！

この黒田勝弘の「日本と一度戦争して勝つこと」理論を反日思想の原点とみることは、一見正論のようにも思える。しかし、一九四五年八月十五日を境にして、韓国に反日思想が盛り上がったわけではない。次項以降で書くことになるが、反日思想が盛り上がってくるのは、ケナンが書いているごとく朝鮮戦争が終わりに近づいてからのことである。一九四五年八月十五日以前の朝鮮半島では日本に全面的に協力する朝鮮人が大多数で、ほとんど反日運動は見られない。「日本と一度戦争して勝つこと」を夢想した人々でさえ全くといっていいほどいなかった。

黒田勝弘が言う「民族の鬱憤」は確かにあるだろうが、具体的にそれを「日本に一度戦争して勝つこと」に結びつけることはできない。

私は次項で、「なぜ三十八度線が南北分断のために引かれたか」を実証する。そして、それが朝鮮民族を悲苦の状況に突き落としたことを書くことにする。キャンベルはこう語っている。「物事の終焉は常につらく悲しいことです。しかし、悲苦はこの世に生きることとの避け難い一部なのです」かの時、一九四五年八月十五日以降、朝鮮半島の人々は「悲苦」を生きることになった。明確にこの悲苦の原因を書くことにしよう。アメリカがこの悲苦を韓国にもたらしたのである。アメリカの限りない欲望が悲苦を創造し、その悲苦の原因を日本にすり替えたのである。もう一度、黒田勝弘の文章を引用する。先に引用した文章の前にある。

韓国人の見果てぬ夢は「日本と一度戦争して勝ちたい」あるいは「日本を一度力で支配してみたい」である。韓国の識者が酒の勢いなどでよく言うことだ。これを経験すれば反日はなくなるというのだ。千年の間にはそんなことがあるかもしれないが。

歴史に「もしも」を入れて考えれば空想が生まれる。日本人も「もう一度アメリカと戦争して勝ちたい」と願っている。だから、いまだに太平洋戦争の仮想戦記が多数出版される。しかし、それはあくまで空想の世界である。

これと同じ着想が、韓国の識者のみならず多くの人々の「日本と一度戦争して勝ちたい」である。歴史に「もしも」はタブーである。実際に何がどのようにして現実化されたのかを追究するのが、本来あるべき歴史の真実に近づく方法である。アメリカが韓国を支配する歴史の真実を読者は知るべき時が来た。一九四五年八月十五日、北緯三十八度線が南北朝鮮を分断した史実に的をしぼることにしよう。

三十八度線がなぜ、南北分断のために引かれたのか

金両基《キムヤンキ》編著の『韓国の歴史を知るための66章』（二〇〇七年）には次のような記述がある。

一九四五年八月十五日、日本の無条件降伏で第二次世界大戦が終結し、韓半島は三十五年間の日本による植民地統治から解放された。これに先立ち、第二次世界大戦中の一九四三年十一月、アメリカ・イギリス・中国の指導者たちがエジプトのカイロに集まり「適当な時期に韓半島を解放、独立させる」というカイロ宣言を発表した。引き続きアメリカ・イギリス・ソ連の各指導者によりこれが確認され、さらに一九四五年七月アメリカ・イギリス・ソ連が参加した

ポツダム会談で韓半島を独立させることが再確認された。韓半島独立に対する国際的保障は日本が戦争に敗れたためであるが、韓民族の一貫した抗日独立運動と団結力が国際的に認められた結果である。

韓国の学者が書けば、当然このような解説となるだろう、というような文章である。文中、「韓民族の一貫した抗日独立運動と団結力が国際的に認められた結果である」と書かれているが、これは偽りである。太平洋戦争（あるいは大東亜戦争）中でも、韓民族の独立運動はほとんど見られなかった。ごく一部の、独立を目指す一派が中国に亡命し上海臨時政府を樹立したが、それも形だけのものであった。

この文章の中に三十八度線の記述があるので引用する。

日本の敗北を数日後に控えたころ、対日宣戦布告をしたソ連は、トンサン島と韓半島を破竹の勢いで一気に攻め立てた。ソ連の速攻にあわてたアメリカは、三十八度線を境界に韓半島を分割占領することを提案し、ソ連もこれに同意した。米ソは南北それぞれの占領地域に軍政を敷いた。

この「北緯三十八度線」説が一般的である。というのは、日本が敗北したので、ソ連軍が朝鮮半島の三十八度線付近まで進攻してきた。あわてた米軍は急拠対策を練り、三十八度線で朝鮮半島を二分することを提案した、というものである。

饗庭孝典とＮＨＫ取材班の『ＮＨＫスペシャル朝鮮戦争』（一九九一年）には、次のように書かれている。


国務省はできるだけソビエトの進出は抑えたかった。バーンズ国務長官はアメリカ軍ができるだけ北上して日本軍の降伏を受諾するのが望ましいとした。しかし軍は、もしアメリカが軍事能力以上の提案をすれば、それだけソビエト軍が受け入れる可能性が少なくなるという理由で抵抗した。マクロイ国防次官補はボンスティールとラスクの二人の大佐に、できるだけ北上してから日本の降伏を受けるようにするとともに、アメリカ軍が朝鮮にできるだけ早く進駐するような案を隣室で作成せよ、と命じた。


この国務省のバーンズ国務長官と国防省のマクロイ国防次官の指示により、ボンスティールとラスクの二人の大佐が北に三十八度線が走っているのを発見、これを報告し、アメリカとソビエトが朝鮮半島を分割することになったとする。現在もこの説を疑う学者はほとんどいない。

ＮＨＫ取材班がジョージア大学で研究生活をしているラスク元大佐を訪ねてインタビューしているが、その中で彼は次のように語っている。

「その会議に出ていた国務省や軍部の誰も知らなかったことだが、今世紀初頭、日本とロシアの間に朝鮮での互いの勢力を三八度線で分割する話があったということを後で聞いた。あのときにそうと知っていたら三八度線は避けて他の線を選んでいただろう。なぜならば、もしソビエトがそれを思い出したら、きっとわれわれが三八度線の北をソビエトの勢力圏として認めたと考え、朝鮮統一に関する話し合いを単なるお芝居と思っただろうからだ」

ラスク大佐は後に国務省に入り、朝鮮戦争の担当者となる（後述する）。

この三十八度線分割の案はその日（八月十一日）のうちに、ヘンリー・スティムソン陸軍長官（実質的な国防長官）に報告され、スティムソン長官は太平洋地域連合国軍最高司令官マッカーサー元帥に下達し、一般命令第一号となる。この命令は、「朝鮮半島の三十八度線以北にいる日本軍はソ連軍司令官に、三十八度線以南にいる日本軍は米軍司令官に対して降伏せよ」という指令が含まれていた。そのため、三十八度線以北にいた日本兵の多くはソ連軍によりシベリアへ連行される運命となった。一九四五年八月十一日、米国によってこの決定がなされたことになる。これは一般に「軍事的便宜主義」といわれている。

ここで三十八度線を別の角度から見てみよう。歴史学者・宮脇淳子の『韓流時代劇と朝鮮史の真実』（二〇一三年）に次なる記述がある。

朝鮮半島は最初から南北で民族が違っている状態が続いているのだと思います。今の北朝鮮と韓国は、実はなるべくしてなったような気がする。ひと口に朝鮮人と言うけれど、朝鮮人が本当にひとつだったのは、実は日本の統治下だけだったのではないか。三十八度線というのは、三国時代末期の高句麗と新羅の境界線がちょうどあの辺りなので、何のことはない、元に戻っただけと言ったら言い過ぎでしょうか。基本的に南北はそりが合わない。何か異なる人種という意識があるのではないかと思います。

宮脇淳子の説は、三十八度線分断が単なる軍事的便宜主義では理解しがたいものを連想させる。

三十八度線を通過する国連軍の車両

長田彰文（上智大学教授）の『世界史の中の近代日韓関係』（二〇一三年）にも三十八度線の記述が

ある。一八九六年六月九日に山県有朋とロバノフ外相間で日露間議定書の調印がなされた。では引用する。

山県は五月二四日、ロシア外相のロバノフ・ロストフスキーと交渉をもち、その結果として朝鮮問題に関する日露間議定書（山県・ロバノフ協定）が六月九日、調印された。その内容は、朝鮮の財政問題の改善には日露両国があたる、秩序を保持するために朝鮮は自らの手で軍隊・警察を創設・維持する、日本は現有する電信線を引続き管理する一方でロシアは国境までの電信線を架設する権利をもつなどであり、一般的なものに過ぎなかった。しかし、それ以外に二カ条からなる秘密の条款があり、そこでは朝鮮における秩序の混乱および日露両国人の安寧保護のために合意によって軍隊を派遣する時、衝突を防ぐために各軍隊の用兵地域を確定する、朝鮮人の軍隊が組織される時までは日露両国は朝鮮に軍隊をおくとされた。ここで、「用兵地域の確定」として想定されたのが北緯三八度線であったが、のちの一九四五年の日本の敗戦にともなう米ソ両国による朝鮮の分断線と同じであり、両者のあいだに直接的関係はないとはいえ、すでにその約五〇年前に同様の発想がなされていたことがうかがえる。

前にラスクの三十八度線に関する証言を紹介したが、この日露関係を指している。私は倉山満（国士舘大学非常勤講師）の『嘘だらけの日韓近現代史』（二〇一三年）を読んで気になるところがあった。

〔引用者註：日露戦争の〕開戦直前、日本はギリギリの妥協として、「三十九度」による勢力圏の分割を提案します（三十八度線ではソウルに近すぎる為）。そこから「南に来ないでくれ」という最後の一線です。このときにロシア皇帝のニコライ二世が受け入れを考えていたということが、憲法九条平和主義的精神の日本史研究者の間でやたらと強調される傾向がありますが、気まぐれの域を出ません。このときだけ回避できたとしても、ロシアが東アジアにおける南下政策をやめない以上、日露衝突は避けられなかったと思います。

私は、倉山満が三十八度線を三十九度線と間違えていると思っていた。しかし前に引用した長田彰文の『世界史の中の近代日韓関係』の中に次なる記述があるのを読んで自分のほうが間違っていると知った。

山県首相は、義和団の乱（北清事変）が鎮圧された後の一九〇〇年八月二〇日に作成された「北清事変善後《ママ》に関する（山県侯）意見書」の中で、西は（平壌を流れる）大同江から東は元山にいたる線以南の地域を処分するというロシア側提案に応える姿勢を示し、伊藤〔博文〕や井上馨も、これを支持した。しかし、青木〔周蔵外相〕およびこの時は駐露公使であった小村〔寿太郎〕は、ロシア側提案では日本にとって最低限のものである「満韓交換」にもならないとして反対した。

三十八度線が歴史的な意味を持っていることを私は書いた。それは、この三十八度線で南北を分割することになり、一九五〇年六月二十五日に朝鮮戦争が勃発する。私は一九四五年八月十五日から朝鮮戦争に至る約五年間の悲劇をこれから書くことにする。そして、読者はアメリカがいかに多くの韓国人を殺戮したかを知ることになる。この間、韓国の人々の間に反米感情が盛り上がったにちがいないのである。

しかし、不可思議というべきか、このことは歴史に記載されることはない。韓国の歴史書にも、日本の歴史書にも。

アメリカ政府が秘かにデザインした反日思想

私は、反日思想がアメリカ政府内で秘かにデザインされ、韓国に持ち込まれたとみる。まわりくどい方法となるが、一八〇〇年代に遡ってアメリカがいかに韓国という国を見ていたかを検討してみよう。ここから新しい視点が生まれてくるにちがいないと私は思うのである。この項の最後に、ウィリアム・ストゥークの『朝鮮戦争』(一九九九年)から引用する。

スターリンは朝鮮半島全土を占領する努力を示さなかった。八月中旬、アメリカが米ソの占領地域の分割線として北緯三八度線を提案すると、スターリンは、この取り決めが最重要都市ソウルばかりか朝鮮半島の全人口の三分の二をアメリカの管理下に置くことになるにもかかわらず、即座に同意した。

私はストゥークの本を読み、三十八度線で南北分断とする同意が早い段階からできていたことを理解した。それはスターリンとアメリカが五年後の朝鮮戦争をしっかりと見すえていたことになる。私は先にキャンベルを登場させた。彼は「物事の終焉は常につらく悲しいことです。しかし、悲苦はこの世に生きることの避け難い一部なのです」と語っている。物事の終焉（朝鮮戦争）に向かって、「全創造の途方もなく巨大な力」、すなわちアメリカとソ連が朝鮮半島でドラマを繰り広げるのである。韓国人は「歴史は、そこから私が目覚めようと努力する悪夢」をそのままに封印し、ひたすら「反日」を叫ぶのである。

世界列強に見捨てられた朝鮮の「弱者の恐喝」

二〇一〇年に物故した脚本家・林秀彦の『この国の終わり』（二〇〇六年）から引用する。日本人として彼ほど日本の未来に警告を発し続けた思想家はいない。

ここで基本的な問題が生じる。

即ち、弱肉強食の摂理を、ごく自然の掟《おきて》として容認する姿勢を持つか、あるいは、それを悪と断じ、自然に逆らう力こそ人間の叡智とみなし、あくまで否定し、是正に虚しい足掻《あが》きを示すか、という二者択一の問題である。

一時、「弱者の恐喝」という政治用語が地球を風靡《ふうび》した。詳しく解説する余裕はないが、文字通り、東西二陣営の強者に対し、南北にまたがる弱い国家、ないし民族が、その帰属選択を楯に、駄々をこねる戦術だった。しかし所詮、弱者は弱者である。自由・平等は実体のない単なる「論」に過ぎない。人権をはじめとする権利の意識も、実力のない恐喝の道具に過ぎない。一体誰が他者の権利などありがたがるものか！

物事を理解する最も簡単で、かつ最重要な姿勢は、いかなる状況が起きたときであろうと、その対立する自他の立場を入れ替えて考えてみることだ。つまり、自分が相手だった場合を考えるのである。

私は韓国の反日発言の多くは「弱者の恐喝」と思っている。この韓国側の姿勢に対し、日本側の識者たちは一方的に否定する。だからこそ、「反日論」に対し、「反韓論」が生まれてくる。

林秀彦は「その対立する自他の立場を入れ替えて考えてみることだ。つまり、自分が相手だった場合を考えるのである」というのである。そこには「弱肉強食の摂理を、ごく自然の掟として容認する姿勢を持つ」ことが大事であるというのである。この思想をもって「弱者の恐喝」を理解しなければ、何も見えてこない。

そこから当然、一つの思想が生まれる。「所詮、弱者は弱者である。自由・平等は実体のない単なる『論』に過ぎない」。私たち日本人は自由・平等・友愛の立場に立って世界の歴史を見ようとする。しかし、この自由・平等・友愛という思想はあくまでも宣伝文句にすぎない。人権が守られた歴史などありようもない。

「弱者の恐喝」こそが、かつての李氏朝鮮、そして現在の韓国の唯一といっていいほどの戦術である。この韓国の唯一の戦術について、アメリカを通して見ることにする。日本の戦術と雲泥の差があると知ることがいかに大事かに読者は気づかれよ。

林秀彦は『憎国心のすすめ』（二〇〇九年）の中で「日本民族を『知痴《ちち》民族』と名づけるならば、世界には『野獣民族』もいれば、『こそ泥民族』もいれば、『大泥棒民族』もいる。『妾《めかけ》民族』も『怪物民族』もいる。それぞれ、その民族や国民の地力の象徴になっている」とも書いている。

私は林秀彦説を自説に取り入れ、「知痴民族」と「妾民族」を使用していく。「妾民族」とは韓国を意味している。この国は遠い昔から、「妾国家」として存在し続けてきた（言葉が悪いがご勘弁を！）。中国、そして日本の妾国家となった後にアメリカの妾国家となった。「知痴国家」のみならず、同書で林秀彦は日本人を幇間《ほうかん》民族であるとも書いている。

「男芸者・太鼓持ち・おべっか使い・ゴマすり・オベンチャラ・追従家・媚びヘツライ・阿諛追従・オモネリ・卑屈、である。同国民として、見られたザマではなく、チョー《ママ》ムカである」

幇間国家と妾国家の物語を読者はこれから読むことになるのだ。覚悟の上、よろしくお願いします。そうれ、オッペケペノペ!!

倉山満の『嘘だらけの日韓近現代史』に、アメリカの商船ゼネラル・シャーマン号事件（辛未洋《しんみよう》擾《じょう》、一八七一年）についての記述がある。

まず、一八六六年の丙寅《へいいん》迫害でカトリックのフランス人宣教師を虐殺します。それが丙寅洋擾につながります（李氏朝鮮は、よく干支で事件を表現します）。このときは、舐めきって準備不足だったフランス軍は深追いできずに引き揚げました。

また同年、ジェネラル・シャーマン号事件を起こします。アメリカ商船を正規軍で奇襲し、乗船員を虐殺したのです。政府主導の異人斬りです。犯人は隠蔽しましたが、バレバレでした。アメリカは激怒し、一八七一年、江華島《こうかとう》へ報復にやってきます。辛未洋擾です。朝鮮軍は劣勢のなかでもゲリラ戦で抵抗し、アメリカ軍はあきらめて帰りました。

よく安易に「本土ゲリラ戦で侵攻軍を撃退し」とベトナム戦争などを事例に語る人が多いのですが、ゲリラ戦は最悪の敗北を回避する最後の手段であって、好きこのんでやるものではありません。ゲリラ側は住民も含めて、攻め手の十倍以上の人的被害を覚悟しなければならないからです。

モンゴルの襲来や豊臣秀吉のときもそうでしたが、敵が来たら要塞に籠もる、不意をついて襲撃して局地的な勝利を得る、それを針小棒大に宣伝するのがいつものパターンです。

とにもかくにも朝鮮での、大院君《だいいんくん》の名声は高まります。「鎖国維持」で勝利したと喧伝したのですが、実力を伴わない宣伝はすぐにメッキが剥がれるものです。

大国フランスや新興国アメリカに勝ったと言いながら、明らかにその両国より弱いはずの日本に脅されてしまうからです。

さて、同じ事件を別の角度から見てみよう。呉善花《オソンファ》の『韓国併合への道・完全版』（二〇一二年）から引用する。

また、行方不明となったゼネラル・シャーマン号の調査のため、一八六七年と一八六八年の二度にわたってアメリカの艦隊が来航したが、なんらの成果も得られずに引き揚げていった。一八七一年（明治四）には、アメリカのアジア艦隊司令官ロジャースが、軍艦五隻を率いて江華島にやって来た。日本を開国させたのと同じ威嚇によって、朝鮮を開国させようとしたのである。アメリカ海軍は江華島近海で測量を行ない、これに対して江華島守備兵が砲撃を加えて交戦状態となった。アメリカ海軍は江華島を攻撃して三カ所の鎮台を陥落させ、江華島を占領してしまった。

この戦闘で朝鮮軍は七七名の死傷者を出したが、アメリカ軍も一三名の死傷者を出すことになった。アメリカ軍はこれ以上の死傷者を出してまで開国を強要することを見合わせ、艦隊を引き揚げさせた。

倉山満と呉善花の本を読むと、いかにも李氏朝鮮軍がアメリカと見事に戦ったかのように書かれている。しかし、私は二人の記述をそのまま信じる気にはなれない。武田幸男編『朝鮮史』（二〇〇〇年）には同事件に対して次なる記述がある。

一八七一年四月、駐清アメリカ公使ローはシャーマン号事件を口実として朝鮮との条約締結を企て、アジア艦隊司令官ロジャーズ《ママ》の率いる軍艦五隻（ローも搭乗）を江華島沖に侵攻させた。アメリカ軍は江華島に上陸し、三カ所の砲台を占領したが、朝鮮側が抗戦態勢を強化し、交渉を拒否したので、五月には撤退した（辛未洋擾）。

ここまでは、倉山満と呉善花の本とほぼ同じ記述である。続けて引用する。次に出てくる「大院《だいいん》君《くん》」というのは李氏朝鮮の高宗《こうそう》（李氏朝鮮の王）の父親、興宣《こうせん》大院君である。朝鮮がいかに時代遅れの国であるかがよく分かる。

このとき大院君は、「洋夷侵犯するに戦いを非とするは則ち和なり。和を主とするは売国なり」と刻んだ石碑（斥和碑、斥洋碑）を全国各地に立てて、鎖国維持の固い決意を示した。大院君政権は丙寅洋擾《へいいんようじょう》〔一八六六年〕に際して、抗戦体制構築のために奇正鎮《キジョンジン》、李恒老《イハンノ》を参判クラスの高官に抜擢した。奇正鎮、李恒老は官職を辞する上疏《じょうそ》〔上申書〕を呈して、「洋夷」排撃の主戦論、天主教禁圧論、西洋物貨禁止論を唱える一方、土木工事の中止などを求めた。これを機に、奇正鎮、李恒老とその門人たちなど、在地両班《ヤンバン》層のあいだに、欧米諸国を「夷《い》狄」として全面的に排斥し、朱子学に支えられた旧来の支配体制を維持しようとし、また大院君の施政にも批判的な独自の政治勢力が形成された。これが衛正斥邪《えいせいせきじゃ》派である。

この文章を詳しく解説しないけれども、李氏朝鮮には時局を見通す目が全くなかったのが分かるのである。崔基鎬《チュキホ》（加耶大学客員教授）の『韓国がタブーにする日韓併合の真実』（二〇一四年）から引用する。

摂政として最高権力を握った大院君李昰応《イハウン》は、西洋の列強の異様船《イヤンソン》が来冦して、国家が危機に見舞われていたのをよそに、巨額の国費を注ぎこんでソウルの中心部に壮麗な景福宮《キョンボククン》を再建する工事に取り組んだ。

もう長年にわたって酷政が続いたために、全国が疲弊しきっていたから、大規模な建築事業を興すような余裕があるはずがなかった。李朝時代には、ソウルは漢城《ハンソン》と呼ばれた。（中略）景福宮は一八六八年に完成した。この年は、日本において明治維新が成就した明治元年に当たった。

ここで、もう一度、呉善花の文章の続きを見てみよう。倉山満よりは、少しはましな論及をしている。

中国や日本が欧米列強の圧力に屈して開国したのにもかかわらず、さらに国力の劣る李朝が攘夷を貫徹することができたのはなぜだったのだろうか。

攘夷の政策が徹底されていたことに加えて、欧米列強が中国や日本に対するようには、李朝の開国に積極的な意図をもっていなかったからである。

いつでも開国させられるが、いまは頑強な抵抗を屈伏させるだけの力を割いている余裕がない、そのために一時的に退却する——それが彼ら欧米列強の情勢判断だった。

呉善花には誠に申し訳ないが、李氏朝鮮は「頑強な抵抗」などしていない。アメリカは一カ月間、江華島を占領して李氏朝鮮の国情をじっくりと調査した。そこで、この国は植民地にするほどの価値がないとの結論を下した。中国の支配下にある李氏朝鮮と戦って植民地とするには、それなりの代償を覚悟しなければならないからだ。

後章でアメリカの対朝鮮政策を検証するが、アメリカは日本の朝鮮併合に協力し続けるのである。それはなぜか。アメリカは大いなる計画を立て、それを「マニフェスト・デスティニー（明白なる使命）」として世界進出を企てていたのである。

残念ながら倉山満も呉善花もそして多くの識者も、日本と韓国の関係をそうしたアメリカの遠謀の面から論じない。いかに識者たちの韓国論が浅薄の域を出ないものであるかを指摘し、次章へと移ることにする。

第二章

覇権国家アメリカの策謀

――アメリカの狡知に嵌《はま》った日本

アメリカは移民大国であった。また表現を換えるなら、確たる国家理念に欠けた国家であった。政治学者・薬師寺泰蔵は『「無意識の意思」の国アメリカ』（一九九六年）の中で、「忘却国家だから『実験国家』であるということ。忘却国家だから『一本調子のリベラリズム』を信奉するイデオロギー国家だということ。そして忘却国家であるからアメリカの対外行動は特別なものだということ」と書いている。

アメリカは巨大な領土を持つ国家である。建国当初のアメリカは他国の勢力が侵入してくるのを防ぐために軍事力を向上させた。そして海洋国家になっていく。

地政学者アルフレッド・マハン（米海軍提督でもあった）は「島嶼《とうしょ》国家論」という軍事戦略論を一八九〇年代に展開した。彼は地球上の国家を海洋国家としてとらえ、特に中心になる島国（ハートランド）を奪取しさえすれば覇権国になれると主張した。太平洋の島ではそれはフィリピンであった。日本はハートランドとして奪取するには強力すぎる武力を有していた。朝鮮半島にはハートランドとしての価値がほとんどなかった。

アメリカは覇権主義と孤立主義を同時に持つ国家である。孤立主義は広大な領土を持つゆえである。覇権主義は経済力と軍事力が必然的に要求する「強い国家」の結果である。イギリスはごく小さな領土しか持たぬがゆえに覇権主義に活路を見出した。アメリカは十九世紀の半ばごろから孤立主義をとりつつ覇権主義の道を歩んだ。イギリスという覇権国をたえず意識していた。インドと中国という領土大国に的を絞ったイギリスに対し、アメリカは、フィリピンそして日本に的を絞った。これが後の太平洋戦争の遠因となる。

ここまで見てくると、アメリカが艦隊を遠洋派遣し、李氏朝鮮の江華島《こうかとう》を一カ月占領したもののすすんで撤退した理由が見えてくる。アメリカの覇権主義が、李氏朝鮮の植民地化に「ノー」の一言を突きつけたのであった。

長田彰文の『世界史の中の近代日韓関係』から引用する。長田はアジア・太平洋国際関係史を専門とする歴史・政治学者である。米国が李氏朝鮮から撤退した後の日本の様子が書かれている。

日本は、もちろん開国は望まなかったが、それにもかかわらず開国させられたことで、単なる藩レベルをこえて、「黒船」にしてやられたという危機意識、被害者意識ももつにいたり、「国際政治＝道理が通用せず、力がものをいう世界」、「日本の開国は、力が足りなかったせい」、「日本も、力をつけなければならない」などと認識するようになったが、これらの認識はその後、朝鮮をはじめとする近隣アジア諸国・地域に対する姿勢や政策の基盤となったといえよう。欧米が出没し、開国を要求するという状況の中で、産業の国有化や貿易の振興などを唱えていた佐藤信淵はすでに日本の開国前、国防の観点からアジア諸国への侵攻の必要性を唱え、一八五〇年代には吉田松陰が征韓を唱え、一八五九年に安政の大獄によって処刑された後は、彼が現在の山口県萩で運営した松下村塾において弟子であった人たちに征韓の考えが引き継がれたとされる。

李氏朝鮮と江戸末期から明治初期の日本とを比較検討してみると、その相違があまりにも大きいのに驚くのである。前に一度引用した崔基鎬の『韓国がタブーにする日韓併合の真実』からこの事件を見てみよう。

大院君は自分を誉めてくれる人に対しては、賄賂《わいろ》と同じ効果があったから、寛大だった。貧しかった時代に庶民と交わったから、人情の機微に敏《さと》く、よく理解していた。大院君は百姓たちの考えを、掴むことができた。そこで群衆の心理を利用して、鎖国政策を徹底させて、フランス艦隊や、アメリカのアジア艦隊を武力で撃退するなど、蒙昧《もうまい》な群衆心理に迎合した。

そのかたわら売官売職による不正腐敗が日常化していたため、民衆が暴政に耐えられず、反乱が全国的に拡大していった。

この文章にも「フランス艦隊や、アメリカ艦隊を武力で撃退するなど」とあたかも史実のように書かれている。だが、この「アメリカとフランスの艦隊を武力で撃退した」という伝説は、完全なるフィクションである。現在においてもこの伝説は真実だとして韓国の人々に信じられている。そして「韓民族の優秀性」を証明する〝神話〟となっている。

私は明治政府がとった征韓論や李氏朝鮮との交戦などはあえて書かない。アメリカと李氏朝鮮、また一九一〇年の日韓併合後のアメリカと朝鮮の関係についてを書くことにする。アメリカが何を狙っていたのかを知るためである。アメリカは李氏朝鮮を罠《わな》にかけたのである。そして、一九四五年八月十五日にその罠の意味がはっきりとする。実験国家アメリカは、朝鮮と日本を罠にかけて大きな勝利を得ることになる。

日本を利用して結んだ不平等条約

一八七五年（明治八年）、江華島事件が起きた。日本が江華島沖で朝鮮と交戦し、江華島を占領した。この事件の後に日朝修好条約が結ばれた。日本の軍隊がアメリカより強いはずがない。この事件を見ても、アメリカ艦隊を撃退したという神話が偽りであることがわかるのである。さて、武田幸男編の『朝鮮史』からもう一度引用する。

一八八〇年、七六年の金綺秀《キムギス》一行に続いて、第二回の修信使として金弘集《キムホンジプ》の一行が日本へ派遣された。金弘集一行は日本政府や駐日清国公使館との接触を通じて日本や世界の事情を詳しく見聞し、清国公使館参賛官〔引用者註：書記官にあたる〕黄遵憲《こうじゅんけん》から『朝鮮策略』を与えられた。『朝鮮策略』の内容は、ロシアの脅威を防ぐために、「中国に親しみ、日本と結び、アメリカと連なる」外交方針を採用し、まずアメリカと条約を締結すること、外交通商、西洋の学問・技術の学習、洋式軍備の導入、産業開発により自強をはかることを、朝鮮に勧めたものであった。

この「朝鮮策略」と金弘集一行の日本での見聞が高宗《こうそう》（李氏朝鮮国王）と政府に大きな影響を与えたと、この本には書いているが、果たしてどうであろうか。李氏朝鮮という国は依然として旧態そのままであったと私は考えている。この「朝鮮策略」の中で、「中国に親しみ」とあるのは、中国が李氏朝鮮の宗主国であるのを忘れるな、という意味である。「日本と結び、アメリカと連なる」とあるのは、日本とアメリカが密接な関係にあることを明示している。

アメリカは、日本を通して李氏朝鮮政策を取るべく動きだしていた。覇権国にして孤立主義のアメリカは遠大な構想を立てていた。それは、まずは朝鮮半島を日本の領土化させて、さらには日本を中国大陸に侵入させようとするものであった。これが日露戦争後の「オレンジ計画」となっていくのである。だが日本はアメリカの企みにまるで気づかなかった。

日本政府とアメリカとの関係を示す恰好の例がある。一八七五年に江華島事件が起きると、日本政府は外務少輔の森有礼《もりありのり》を清国に派遣した。森有礼は清国の最高実力者である李鴻章《りこうしょう》と交渉したが不調に終わった。その後、外務卿寺島宗則《てらしまむねのり》は駐日米公使のジョン・ビンガムと会談した。長田彰文は『世界史の中の近代日韓関係』の中で次のように書いている。

ビンガムは二〇数年前のペリー艦隊の日本来航時のやり取りなどをペリー自身が記した『日本遠征記』を寺島に手渡し、かつてペリーが日本に対して行なったことを今度は攻守ところを代えて日本が朝鮮に対して行なうにあたっての「手順」を示していた。また、朝鮮では同年一二月、書契の受理を決定したものの、時すでに遅く、結局、日本政府は、特命全権大使の朝鮮への派遣を決定した。

全権大使は薩摩出身の黒田清隆、副師は長州出身の井上馨《かおる》であった。ペリーの方策が採用された。艦隊が動員された。黒田清隆は高圧的な態度を示した。こうした状況下で日朝修好条約（条規）が締結された。この条約で中朝宗属関係の否定が企図された。李氏朝鮮はソウルを漢城《かんじょう》としていたが日本側は京城《けいじょう》と名づけた。そして釜山以外の二港の開港を認めさせた。要するに、ペリーによる不平等条約を日本が朝鮮に押しつけたのであった。

この条約締結の後、朝鮮は従来の冊封《さくほう》体制を維持すべく清国の力を借りようとするのである。この条約が日清戦争の原因となる。アメリカは、日本と清国の戦争を遠くから演出するのである。〝実験劇場〟を朝鮮半島に作ったアメリカは日本を援助し続ける。日本政府はアメリカの遠謀を知ることなく朝鮮半島にのめり込んでいく。こうしたなかで「朝鮮策略」が朝鮮側に送られたというわけである。

アメリカはこの日朝修好条約の締結後、米朝修好通商条約を一八八二年に締結した。戦わずしてアメリカが朝鮮との間に不平等条約を締結できたがゆえに、イギリス、ドイツ、ロシア、イタリア、フランスが、次々と朝鮮と修好通商条約を締結した。清国は日本を牽制することに失敗した。

■――朝鮮半島という泥沼に突き落とされた日本

日本は朝鮮半島へとさらにのめり込んでいく。そして清国との間に日清戦争が起こる。一八九五年（明治二十八年）四月十七日、伊藤博文首相と陸奥宗光外相が下関で李鴻章と講和交渉を行い下関講和条約が締結される。台湾、隣接する澎湖《ほうこ》諸島、遼東《りょうとう》半島の日本への割譲、日本への賠償金二億両（当時の邦貨で約三億円）の支払いなどが決まる。

この条約の締結後、露仏独三国の三国干渉により、遼東半島を手放すことになる。アメリカはこのとき日本を無視した。それはなぜか？　アメリカは秘かにロシアと通じていた。朝鮮半島の利権を漁るアメリカは、ロシアの朝鮮半島における優位の立場を支持していく。アメリカは日本を朝鮮半島の泥沼の中に突き落としたのであった。

一八九六年、李氏朝鮮はアメリカに京仁《キョンイン》鉄道敷設権、平安北道にある雲山《ウンサン》金鉱の採掘権を与える。李氏朝鮮は「以夷利夷」をもって、即ち、アメリカを朝鮮に引き込むことにより、アメリカの好意的介入を期待したのである。

日本とロシアはこの年、日露間議定書を調印した。「北緯三十八度線」が両国の間で論議されたことは前章で書いた。一八九七年八月十四日、李氏朝鮮は年号を「光武」と改元した。国号も「大韓帝国」と改称した。高宗は国王を皇帝とし、自らの意志で中国との宗属関係を否定するのである。長田彰文の『世界史の中の近代日韓関係』から再度引用する。

清国への朝貢を象徴した迎恩門が一八九六年には壊され、代わってその横に独立協会が中心となって募金を集めて、その年から清国からの独立を象徴すべくフランス・パリの凱旋門を模した独立門の建設が現在のソウル市西大門区峴底洞《ヒョンジョドン》において着工し、大韓帝国となった翌一八九七年に完成した。

大韓帝国の中では「親露派」「親日派」とに分かれた。また、「親米派」も相当数いた。アメリカは武力を一切使うことなく、韓国内に大きな力を持つにいたった。一方、イギリスは一九〇二年(明治三十五年)、日英同盟を結び日本の朝鮮支配に協力した。

一九〇四年二月、日露戦争が勃発した。この日露戦争については書かないことにする。ただ、この戦争で日本が勝利したとのみ記すことにする。しかし、もう一つだけ記すべきであろう。イギリスとアメリカが日本がロシアに勝つべく協力したことを。この日露戦争こそ、イギリスとアメリカが巧妙に仕組んだ戦争であった。日本を最終的に敗北させるという「オレンジ計画」がほぼ完成したのは日露戦争後であった。

韓国が仕掛けた「反日戦争」

私は日本という国を操る何かが存在し、その何かが命令を出し、束縛し続けているのに、私たち日本人はそのことに気づくこともなく行動し続けているのではないのかと思う。この日本を誰かが操作している一つの例として、朝鮮半島におけるアメリカの行動を記した。

アメリカは日本人の精神を分析し、日本人が他律的な行動を取るということを知り尽くしていると思う。日本人が主観的ではあるが客観的ではないことを、アメリカは知り尽くしていたのではないのか。物事を判断するのに主観のみで受け入れようとする。これは無判断、そして無疑念ということになる。

私は、アメリカが李氏朝鮮に艦隊を送って江華島を一カ月近く占領しながら、静かに去っていったことを書いた。アメリカは客観的な判断を下して撤退したのである。日本ならばこういう客観的な判断力をもって行動できない。だから小国でありながら無鉄砲な行動をする。韓国併合もそういった主観的な、無鉄砲な行動であった。刹那主義的な現実主義が日本の政治をリードしたとしか思えない。

日清戦争はともかく、日露戦争はイギリスとアメリカのユダヤ資本家たちからカネを借りてまでして武器を調達して起こした戦争であった。この戦争にイギリスが日英同盟まで用意して全面的に支援した。そのイギリスに対して、「なぜか?」の疑問を持つ知者もいなかった。この「考える」ことを拒否した考えの中に、太平洋戦争の敗北も、反日思想の原点もあるのに気づこうとしない。

私たち日本人は殺しあう戦争にも敗れ、考えあう戦争にも敗れ続けている。考える戦争に敗れ続けている代表的な戦争は、韓国の反日戦争である。韓国の反日、嫌日、排日、侮日、卑日……の戦争の意味を客観的な立場から判断しえない。

なぜ、韓国は反日をスローガンに掲げて日本に戦争を仕掛けてきたのか。日本の識者のほとんどは、日本が韓国を併合した一九一〇年から四五年までの三十五年間に日本は良き統治をしたがゆえに、「それなのに、なぜ反日なのか」の声をただ繰り返しているだけだ。

たしかに、この「なぜか?」の疑問だけは正しい。しかし、「正しい」だけでは解答とはいえないのである。「なぜか?」という感情は詠嘆と悲嘆の境を出ない。それでは思考はストップしている。まずは、アレン・アイルランドの『朝鮮《コリア》が劇的に豊かになった時代《とき》』(二〇一三年)から引用する。この翻訳書の原書『ザ・ニュー・コリア』の刊行は一九二六年である。アイルランドは英国人の植民地統治研究の専門家であり、韓国に滞在してこの本を執筆した。

目立った事例としては一九一九年に発生した、ほとんど過去に前例のない程深刻で悲惨な干ばつであった。この時、総督府の迅速な対応のお陰で一人の餓死者も出なかった。総督府が救済支援に掛けた費用は一〇〇〇万円に上り、うち、四〇〇万円を食料の購入と配布に、三六〇万円を被害者への貸付に、二四〇万円を公共事業にあて、失業者の雇用の機会を作った。

このアイルランドの文章を読んで、私は崔基鎬《チエキホ》の『韓国がタブーにする日韓併合の真実』の中の文章を思い出した。では引用する。

日本では徳川時代を通じて、為政者が民百姓の生命と財産を守り、民衆が安定した生活を営むように力を尽くすのが、つとめとされた。ところが、李氏朝鮮においては、為政者が民百姓を奴隷化して、生殺与奪をほしいままにして、懐ろを肥やすのが、常態であった。日本と朝鮮では人のありかたが、まったく違っていたのだ。

李氏朝鮮は五百十八年間にわたって、人口がほぼ倍にしか増えなかった。李朝が創建された一三九二年には、人口が五百五十万人だったと推定されているが、五百十八年後の日韓併合の時でも、千三百万人でしかなかった。その三十五年後に、日本統治時代が終わった一九四五年には、二千八百万人まで二・一五倍も増加した。

人口学では、どのような災害に見舞われようが、中世が終わるまでは五世紀もあれば、人口が三倍以上に増えるのが常識である。これは李朝による支配が、いかに苛酷なものであったのかを物語っている。

アイルランドと崔基鎬の二つの文章を読むと、いかに日本が韓国併合時代に善政をしたかが分かる。しかし、この時代を韓国の人々は残酷極まりない時代であったと言い、反日の炎を燃やし続けている。「なぜか?」と日本人は、詠嘆調、否、悲嘆調の疑問符を韓国人に投げかえす。確かにこの「なぜか?」の中には「驚き」がある。そして「疑い」もある。しかし、「絶望」がない。絶望という苦悩を通して、哲学しようとする知性が見えない。

後に三・一運動という抵抗運動(後述する)の原因となったのは、一九一〇年から九年間にわたって行われた土地調査事業である。この土地調査事業の目的は、崔基鎬の本によると「近代化に沿って土地所有関係を確立することにあった。李朝は創建されると、私有地を没収して国有化し、全国土を王が所有した。官庁や、官僚に与えた私田も土地の収租権を預けたにすぎなかった。それを農民が耕作したことから、耕作権が発したという構造であったから、近代的な所有権がなかった」とある。

昔の日本の荘園制度にいくらか似ている土地関係であった。ハワイ大学名誉教授ジョージ・アキタとコースタル・カロライナ大学准教授ブランド・パーマの共著『「日本の朝鮮統治」を検証する 1910－1945』（二〇一三年）を見ることにする。文中、スメサースト氏とは、ピッツバーグ大学教授である。

スメサースト氏は、「地主と政府による強要とごまかしの手口が一体となって、一九二〇年代後半の小作争議を弱体化せしめた」とする民族史観派の執拗な主張には反対している。つまり、一九二〇年代の小作人の運動の成功は、「政府の寛容さと、公平な支援に帰する」と考えられ、もちろん小作人は政府のそのような姿勢を歓迎した。これはつまり、政府は争議調停という手段を通して小作人が農地を「安価に」取得することを可能にし、一方、警察と裁判所はめったに地主の支援に回らなかったということを意味する。

この文章は、小作農家から発生した農民の組合運動のことを書いている。土地をいかに小作農民に分配するかが韓国併合後の最重要の問題だった。この問題に一部の共産主義者が「総督府の略奪的行為だ」と主張し組合運動を主導した。土地制度の改革は、朝鮮の発展を可能にするための最も重要な要素であった。この土地制度の改革こそが、後の朝鮮の近代化を推し進めた最大の原因だと私は思うのであるが。

崔基鎬の本はたびたび引用した。彼はこの土地調査事業に関しては反対の立場をとる。

一九一〇年から一九一八年までの九年間、土地調査事業に当時としては巨額な千二百万円の予算が投じられた。総督府に財政顧問として迎えられた目賀田種太郎《めがたたねたろう》が、立案した。

この土地調査事業は公平なる税制の確立と、社会基盤の整備に大きく貢献した画期的な事業であったものの、両班や豪族がいっそう大きな土地の所有権《ママ》となり、無学な常民の農民たちは土地調査令の恩恵に浴する術を知らなかったために、犠牲となった。

それに土地調査の基本方針が、自主申告主義であったことから、常民は無知から申告を怠り、〝自耕所有《ジャギョンソユ》〟の水田や、畑や、先祖代々管理していた林野も、没収されてしまった。没収された無申告の土地は、日本の国策会社である東洋拓殖会社をはじめ、日本人経営の会社や、個人に廉価で払い下げられた。

この引用した最後の部分「没収された……」は確かに事実である。崔基鎬は「寺内正毅統監をはじめ統監府の幹部は、李朝の土地制度について、李朝と両班だけに諮問したために、農民が『耕者《キョンジャ》有田《ユジョン》』といわれて、無形財産として耕作権を持っていたことを、把握できなかった。そうしたために、両班たちにいっそう大きな利益をもたらした」としている。

統監府は李氏朝鮮の王族、貴族（両班《ヤンバン》）を大事に扱った。そして、彼らの力を利用した。総監府は日本に協力的であった一進会を解散させた。常民、賤民や貧窮した両班の人々がこの会に加わっていた。この連中が自暴自棄に陥った。彼らは「反日という逆転の思想」を持つようになったと崔基鎬は書いている。この連中が三・一独立運動の主役となったと。

反日論の萌芽は、日韓併合後に生まれている。では、三・一独立運動とアメリカの関係について次項で書くことにする。アメリカは三・一独立運動を無視し続け、日本に協力する立場を堅持するのだ。それはなぜか？

■――「三・一独立運動」とは何であったのか

一九一九年三月一日、京城のバゴダ公園（現在のタブコル公園、ソウル市鐘路区）で朗読された「独立宣言」の第一節は「我々はここに朝鮮が独立国だということと、朝鮮人が自主民族であることを宣言する」である。

金両基編著『韓国の歴史を知るための66章』には「一九一九年三月一日、京城と平壌《ピョンヤン》など九カ所の主要都市での同時多発デモから始まった三・一運動は、四月末まで二カ月にわたって全国各地で起こり、二百万人以上がマンセー（万歳）と叫びながら千五百回以上のデモを繰り広げた」と書かれている。この本の編著者金両基は韓国の立場からこの本を編集及び執筆している。続けて読んでみよう。私たち日本人は、日本側から一方的に日本優位の立場・視点から韓国を見ている。しかし、彼ら韓国人の視点に立って、一時的にしろ感情移入して読んでみてほしい。

これほどまでに大々的に朝鮮人たちが立ち上がった背景とは何であろうか。一つ目は内的要因として、まず日本帝国の武断統治とそれによる朝鮮人と日本人の間の矛盾の深さをあげることができる。武断統治体制は銃剣とムチをもった憲兵によって維持されていた。朝鮮全体が「窓のない監獄」あるいは兵営となり、朝鮮の民衆は自由を抑圧されながら暮らした時期である。また土地調査事業の実施によって自作農と自作兼小作農の大半が没落し、小作農と農業労働者が大きく増加した。また、土地改良、綿花栽培の強制などで小作農民は大変困難な生活に陥った。そのうえ各種税金、公課金、間接税や、さまざまな農民団体の組合費なども農民の家計を大きく圧迫した。三・一運動に参加して逮捕された一万五千余りの人びとの職業統計研究の結果によると、農民が圧倒的に多く約六〇％に達していた。これはまさに苦痛の中心にいた農民たちの不満が三・一運動をきっかけに爆発したことを物語っている。

日本の史家の中にも韓国側の立場から書く人も多い。梶村秀樹の『朝鮮史』（二〇〇七年）を読んでみよう。

一九一九年三月一日から始まり、およそ一年もの間朝鮮全土をおおった三・一《サミル》運動は、ひとりの英雄的な指導者によって象徴されるような質のものではない。多くの無名の人々の、もちこたえてきた独立への意志が、ひとつに合流した民衆運動であった。たとえばソウルで学んでいたわずか一五歳の女子学生柳寛順《ユグワンスン》（一九〇四〜二〇）は、宣言文を持って故郷の天安《チョナン》に帰り、その土地での行動の先頭に立ち、逮捕されても昂然と正当性を主張して屈せず、拷問のため獄死したことが、いまも語りつがれている。かの女はいわば無数の無名の英雄のひとりであり、運動の象徴なのである。全国二一八の市郡のうち二一七までにおいて、その土地に住む人々が何らかの行動を自主的に組織した。延べ参加人数は数百万、実質的には当時二千万の全朝鮮人が主体的に運動にかかわった、といってもそう誇張ではない。三・一運動は、日本の米騒動や中国の五・四運動とともに、東アジアにおける運動の同時的昂揚としてよく一括してあつかわれるが、その中での三・一運動の特徴は、民衆運動としての拡がりの大きさであったといえる。

私たち日本人は「反韓論」の本や雑誌を読んで「なぜだ！」と憤激している。しかし、反日の源流を過去に溯って知る努力をしていない。いかに李氏朝鮮が腐敗した国家であれ、これを糺《ただ》し、日本に併合したときに、そこに住む人々が日本人に向けた憎悪の眼差《まなざ》しを過去に溯って知ろうとしなければならない。日本併合によって生活が良くなったのだから、文句を言われる筋合いはない、というのは日本人の驕《おご》りである。

日本の官憲も当初はたかをくくっていた。しかし、この運動が全国的規模となるにつれて弾圧にかかった。逮捕者が続出した。当時の首相原敬は日本から軍隊を増派し、大衆集会さえ開かせなかかった。デモも徹底的に取り締まった。この三・一運動で七千人といわれる死者、約一万六千人の負傷者、約四万七千人の検挙者を出した（韓国側の発表した数字）。

この三・一運動の後、統監府は武断政治をやめ文治政治、すなわち、アメとムチの政治体制へと移行する。多くの三・一運動の指導者たちは文官あるいは実業家となっていく。そして、一部のものが海外へと脱出する。

ルーズヴェルトと「対日オレンジ計画」

ここでアメリカと韓国（朝鮮）の関係を書くことにする。最初に結論を書いてから書き進める。「アメリカは日本の植民地政策を支持し続けて、ことごとく韓国の人々の要望を裏切るのである」「なぜか？」という問いを発してから、アメリカとは何かを追究する。

セオドア・ルーズヴェルトはアメリカ大統領になる前、副大統領のときから、膨脹主義をとるロシアを抑制するために韓国を日本が支配下に置くよう主張していた。一九〇四年二月、日本海海戦で日本海軍はロシア・バルチック艦隊を対馬海峡において壊滅させた。満州でも日本軍がロシア軍に大いなる打撃を与えていた。

駐米日本公使高平小五郎《たかひらこごろう》は一九〇五年一月二十五日、ルーズヴェルト大統領にロシアとの講和調停を申し入れた。

ディヴィッド・ハルバースタムは『ザ・コールデスト・ウインター朝鮮戦争』（二〇〇九年）の中

で次のように書いている。

自国の将来に発言権を持たなかったのは朝鮮という国の宿命だったようだ。日露戦争の調停者は朝鮮人ではなく、セオドア・ルーズヴェルト米大統領だった。かれはその功によりノーベル賞を得ているが、朝鮮人の利益の増進にはなんの関係もない功であった。ルーズヴェルトが代表したのは、力をつけていく新しいアメリカ、無意識の帝国主義的衝動を表わし始めたアメリカであった。ルーズヴェルトは一八九八年の米西戦争の熱心な主戦論者だった。戦争の勝利は植民地フィリピンをアメリカにもたらす。かれは時代の寵児だった。

ルーズヴェルトの方針は一貫していた。彼は「日本を南方（フィリピン）でなく、大陸に向ける。そして満州においてロシアと対峙させ、両方の軍事力を消耗させる。やがて、日本を中国に侵入させ、太平洋に誘い出して敗北させる」という思想の持ち主であった。日露戦争前から秘密裡にこの計画は練られ、「オレンジ計画」として登場する。

「ジャップの野郎にすきなことをさせておけ。しかし、今しばらくだ」。日本人は福沢諭吉が明治維新後から「脱亜論」を説いたが、日本人は白人並みの扱いは決してされなかった。だが、朝鮮人に対するルーズヴェルトの態度はそれを上回る冷淡さであった。

一九〇五年九月五日、日露講和条約が調印された。この条約でロシアは韓国における日本の政治、軍事、経済の優位を認めた。アメリカとイギリスは韓国問題について合意した。同年八月十二日、

第二回日英同盟が調印された。日英の利益のため、日本はインドにおける英国の優位を認めた。ここで第一回日英同盟には明記されていた「韓国の独立」が姿を消した。

同年七月二十七日、国務長官ウィリアム・H・タフトは日本で桂太郎首相との間に秘密会談を持った。ここでアメリカは韓国における日本の宗主権を認めるとした。ルーズヴェルトもタフトの意向を公式に認めた。

アメリカは膨脹主義と孤立主義を同時に主張する国家であると私は書いた。韓国はそんなアメリカにとって無関心な国となった。かつて両国の間には米朝条約が結ばれていたが、アメリカによって一方的に破棄された。

洗脳された李承晩という国家指導者

ここで一人の朝鮮人について書くことにする。その男の名は李承晩《イスンマン》という。後の韓国大統領である。長田彰文の『世界史の中の近代日韓関係』に李承晩が登場する。

独立協会への弾圧時に逮捕され、六年あまりを獄中で過ごしたものの一九〇四年に釈放され翌一九〇五年に米国に派遣された李承晩は同年八月、TR〔引用者註：セオドア・ルーズヴェルト大統領〕と会見して助力を求めた。それに対して、TRは、駐米韓国公使館を通して公式なものとするよう求めたが、そこはすでに日本が押さえていることを承知していたとともに、すでに桂・タフト協定に対して承認を与えていたため、実質的な拒否にほかならなかった。

李承晩の工作は失敗に終わった。彼はそのままアメリカに留まった。彼はアメリカのあるキリスト教の教会の援助を受けた。この教会関係者が李承晩に資金を与え続けたためにプリンストン大学に入ることができた。プリンストン大学の大学院政治学博士課程に在籍中、当時同大学の学長であったウッドロウ・ウィルソンに気に入られる。ウィルソンは李承晩を自宅に招き、客たちに「将来の朝鮮独立の救世主」ともてはやした。

私は、李承晩はアメリカにより精神をコントロールされ、アメリカのスパイに仕立てられたと思っている。三・一運動は李承晩と深い関係がある。

一九一八年十一月に第一次世界大戦が終結する。翌一九一九年一月よりパリで講和会議が開催さ

日本を中国に侵入させ、太平洋に誘い出して敗北させるという長期戦略を持っていた米大統領、セオドア・ルーズヴェルト

れた。李承晩はアメリカにいたが、上海に新韓青年党ができていて、この党が金奎植《キムギュシク》らをパリ講和会議に派遣した。李承晩もこの会議に出席しようとした。李承晩は、恩師ウィルソンが大統領として講和会議に出席することを知った。彼は植民地化された民族の自決権を説くことになっているウィルソンに会議への出席を願い出た。だが拒否された。アメリカ政府は李承晩の出国を認めなかった。ドイツが持つ中国での権益を日本に譲り渡すことをアメリカは認めていた。そこで、李承晩がパリで騒ぐのを歓迎しなかったのだ。

一方、韓国国内ではパリ講和会議に期待する動きが秘密裡に進められていた。一九一九年一月二十一日、高宗が死亡した。日本による毒殺説が流れた。三月三日、高宗の葬儀が執り行われることになった。東京にいる留学生たちも帰国しだしていた。三・一運動は偶然に起こったのではない。韓国人は、日本という国家から逃れようとしたのである。そこでパリ講和会議に期待した。新韓青年党は独立請願書を提出したものの列強に無視された。

三月一日、天道教、キリスト教、仏教の代表者たち三十三名が代表者に選ばれた。しかし、彼らは独立宣言書を民衆の前で朗読する方針を撤回した。民衆は怒った。そして反日運動が燃え上がったのである。

前述したように、この三・一運動は官憲の力により抑えられた。この運動を最後に韓国人による反抗は姿を消した。しかし、彼らの心奥くに、悲しみの原型が残った。この悲しみの原型が反日思想の根源である。

「なぜか?」。私たち日本人は今、韓国に燃え上がる反日の炎に怯《おび》え、そして同時に怒っている。もうとうに過ぎ去った昔のことではないかと多くの日本人は言う。しかし、心の深奥に燃えている「悲しみの原型」が韓国人の魂をゆさぶりだしたのである。

この「悲しみの原型」を日本人は無視し続けている。

――アメリカの裏切りに気づかなかった朝鮮

私はここで、アメリカが、朝鮮半島を国際連盟（アメリカはこの連盟に加入しなかった）もしくは国際機関による委任統治下に置く計画を持ち、後にこの計画が進行し、ついに朝鮮戦争の遠因となったことについて書く。

委任統治とは簡単に表現するならば、完全な独立は認めないが、期間を限定した統治の後にやがて独立を認めるとする方式である。

私は後の韓国大統領となる李承晩がアメリカのスパイではなかったかと前項で書いた。彼をスパイに仕立てたのはキリスト教会の関係者であろうとも書いた。李承晩は一九一八年十二月、大韓人国民会の名前でウィルソン大統領宛てに「朝鮮における日本の保護化ならびに併合は不当である。よって、朝鮮問題を解決してほしい」との請願書を送っていた。ウィルソンはこの請願書を無視した。また前述したように、李承晩はパリ講和会議行きを熱望したが、ランシング国務長官は彼の申し出を拒否した。

私はウィルソン大統領への請願書も、ランシング国務長官への出国申し出も、スパイ行為隠しのための一種のジェスチャーではないかと考えている。なぜならば李承晩は、朝鮮の完全独立を将来の保障として、朝鮮の委任統治を認めるという動きをするのである。だがこの委任統治請願は一方的なもので、他の朝鮮独立運動家たちの怒りを買うことになる。

三・一運動が勃発した後に多くの運動家たちが韓国を脱出し、ロシア領に入った。また、上海にも入った。後の朝鮮戦争前に指導者になる呂運亨《ロウニョン》も一時上海に入った。ここで「大韓民国臨時政府」（通称・上海臨時政府）ができた。京城に「漢城政府」ができたが総督府の妨害に遭い満足な活動ができなかった。「ロシア領政府」も存在したが、日本がロシアの内乱でシベリア出兵をしたときでもあり、これも活動ができなかった。唯一、上海臨時政府のみがその存在を少なからず海外に示していた。ここでは、上海臨時政府についてのみ記すことにする。三つ存在した臨時政府においても李承晩は臨時内閣の閣員に入っていた。李承晩の名が日本統治下の韓国人の間で知れわたっていたことの証しとなる。

梶村秀樹の『朝鮮史』は、抗日パルチザン（遊撃隊）について詳述しているが、この上海臨時政府の記述はごく少ない。彼は次のように書いている。

ブルジョア民族主義者の側では、李承晩《イスンマン》（一八七五～一九六五）はアメリカで外交工作に専念したにすぎなかったが、上海の大韓民国臨時政府は、二〇年代を混乱のうちにすごしたすえ、「満州事変」以後、金九《キムグ》（一八七六～一九四九）の統率のもとで一連の爆弾闘争を敢行して活路を開いた。臨時政府は、のちには蒋介石政権とともに重慶に移り、一時的ながら義烈団との統一戦線を成立させ、「光復軍」を組織して四五年二月には日本に宣戦を布告した。国内の「民族改良」派も、対日協力者にされてしまった李光洙《イグァンス》や崔南善《チュナムソン》（一八九〇〜一九五七）らをのぞき、面従腹背の姿勢をもちこたえていた。そして、以上のいずれの系列にも属さぬ無名の民衆の、孤立した中でたったひとりでもがんばる抗争が、数多くあったことを忘れてはならない。

大韓民国臨時政府のリーダーは金九であった。金九は韓人愛国団を組織した。この組織がテロを日本、中国の各地で実行した。一九三二年一月八日、東京の桜田門外で昭和天皇に爆弾を投げつけたが失敗した（犯人・李泰昌は後に死刑）。一九三二年四月二十九日には上海で、天長節（昭和天皇誕生日）の祝賀会に参加していた日本の要人に爆弾を投擲する事件が起きた。陸軍大将白川義則が死亡、駐華公使重光葵《しげみつまもる》が右脚を失った。殺害者は尹奉吉《ユンポンギル》。五月上海において死刑判決が出た。後に日本に移送され銃殺刑。ここで注目すべきは、テロ実行犯の李奉昌も尹奉吉も、伊藤博文を暗殺した安重根《アンジュングン》とともに、韓国では英雄扱いされていることである。

日本と中国が全面戦争に突入し、蔣介石の国民政府が南京から重慶に移ると、大韓民国臨時政府も重慶に移った（一九四〇年九月）。この臨時政府は少数の韓国人がいただけで、軍組織を持たなかった。金日成の抗日活動と比べて格段に劣っていたことが、一九四五年八月十五日以降にはっきりする。

現在の韓国は、この大韓民国臨時政府を現韓国の国家起源であると憲法で明文化している。日本の史家はこの臨時政府の存在を認めようとしない。蔣介石は臨時政府をアメリカに認めさせようとしたが、アメリカはこの政府を無視し続けたのである。次項でもう一度、この大韓民国臨時政府を見ることにしよう。

ここで古田博司の論説「朴槿恵、アンタは何様か　否韓三原則で対韓不干渉を貫け」(月刊「WILL」二〇一四年二月号掲載)から引用する。

他方で、韓国は近代史上、日本軍と戦ったことがない。韓国が主張する戦いは一九二〇年の青山里戦闘一回きりで、敵は朝鮮人匪賊《ひぞく》だった。日本の無条件降伏と米軍進駐によって棚ぼた式に独立を得た韓国には、そもそも国家の正統性というものがない。一般の韓国人もそのことはうすうす知っていて、北の政権に比べて自分たちの政権に正統性の点で瑕疵《かし》があることに気づいている。

なんとか正統性を得るため、青山里の戦闘で勝ったというウソを定着させようと韓国は骨を折ってきたが、戦場に残ったのは日本軍であった。敗けたほうが戦場に残る道理はない。

正統性を保つために韓国が英雄として誇るのは、爆弾魔のテロリストだけだ。爆弾テロリストを英雄に仕立てなければならないのは、いまの韓国の悲哀であり、私が危惧しているのは、反日教育でテロリストや爆弾魔を解放運動の雄だと刷り込まれ、頭のなかがIRA(アイルランド共和軍)のようになった韓国の若者が「自分は英雄になりたい」と思って、爆弾をもって海を渡ってくる危険性があるということである。

韓国人が歴史を学ぶとろくなことが起きない。我々日本人は、韓国人が歴史に学んでしくじる民族であるということをいま一度、認識すべきだ。

私は古田博司（筑波大大学院教授）のこの文章を読みつつ、驕れる日本民族の悲しみを知った。そして、悲しみを通り越して怒りさえ覚えた。私は日本人の一人として、古田博司と同じような論を展開する多くの識者を知っている。嫌韓論、反韓論、排韓論……今日、日本人は驕れる民族となったのではないか。

三・一運動は朝鮮人が日本に挑戦した戦争ではないのか。日露戦争の後のルーズヴェルトを説得しようとした李承晩も、日本に戦争を挑んだのではないのか。パリ講和会議で日本を非難しようとしたことも戦争ではないのか。極端な表現で申し訳ないが、昭和天皇を爆死させようとしたテロリストも、日本に戦争を挑んだのではないのか。国民政府の力を得て、数々の工作をしたのも戦争ではないのか。

国と国とが大量の死者を出すことをもってする戦争のみが戦争ではないのである。私はここまで書いてきてやっと一つのことを知り、納得した。そして、私は林秀彦の『憎国心のすすめ』の一節を思い出した。

悔し涙がたぎり落ちる。

このとおりなのだ。すべて。そして、誰かが操作している。この日本人の本性を、骨の髄まで他律的であることを知っている誰かが、どこかの国が、どこかの民族が、その欠点をたくみにつき、利用し、一層助長させ、推進させ、搾取し、あやつっている。

そして、これほど歴然としている数々の証拠実例を、なぜ人びとは（私が日本人を愛する故にわざと呼ぶ、〝ジャップ〟たちは）、気づかないのか。

「なぜか？」と私は書き続けてきた。

■「九分どおり公平」だった日本の朝鮮統治

前項で、韓国を委任統治下に置くアメリカの計画について書き始めたが少々脇道にそれた。もう少しそれてみようと思う。

ジョージ・アキタとブランドマン・パーマの『「日本の朝鮮統治」を検証する1910－1945』は一度引用した。この本の最後は次の文章で終わる。

もちろん、本研究は朝鮮において日本が行なったことを取り繕うことを意図してなされたものではない。だが、一方でわれわれは、日本による朝鮮統治を可能な限り客観的に検証した本研究の結果を通して、朝鮮・韓国系の人々が往々にして極端に偏見に満ち、反日的な歴史の記憶をあえて選択して記憶に留める傾向を、可能なことなら少しでも緩和するお手伝いをするべく努力してきた。その中でわれわれ二人にとって非常に印象的だったのは、朝鮮の近代化のために、日本政府と朝鮮総督府が善意をもってあらゆる努力を惜しまなかったという事実だった。だから日本の植民地政策は、汚点は確かにあったものの、同時代の他の植民地保有国との比較において、アモス氏の言葉を借りて言うなら、「九分どおり公平 almost fair」だったと判断されてもよいのではないかと愚考するしだいである。

私は右の文章に間違いがあるとは思わない。九分どおり公平であったと思う。同じように、崔基鎬の『韓国がタブーにする日韓併合の真実』の最後の文章を引用する。

李朝五百十八年は、腐りきった中国の属国を志したものだった。李朝は自主独立を捨てて、中国に精神を預けて、儒教朱子学の原理主義に立脚して、「小中華」を自称して、自国民を奴隷化した。良民たちは、私利私欲だけに駆られた両班の食い物にすぎなかった。百姓は虐政に呻吟し、脱出するか、死ぬ自由しかなかった。改革を試みた王世子《おうせいし》や、愛国者は抹殺された。

李朝のもとでは、民族の自主的な解放は、絶対にできなかった。

日韓併合の収支決算は、韓民族にとって大いなる善であったことを、知らねばならない。他力本願ながら、日韓併合が韓民族を救済し、南の韓国に今日の繁栄をもたらした。このことを、率直に認めるべきである。

韓日両国が密接に協力することこそ、両国民にとって望ましい。

日本民族は百済の末裔《まつえい》であり、本性は善である。兄弟国によった日韓併合は、李朝五世紀にわたって不当に抑えつけられてきた韓民族の善なる本性を蘇生《そせい》させた。いまこそ歴史を再検討するように、提案したい。

私はこの崔基鎬の文章になんら偽りを見出せない。真実の告白であると思う。しかし、この本は、月刊誌に連載された後に、二〇〇三年九月に単行本として刊行されたものである。今なら、このような本を日本で出版すれば、崔基鎬は大変な不幸に遭うであろう。時代はたった十年の間に大きく変化したのである。

私はまた、韓国を知る上で、黒田勝弘の反日論に注目する。彼の「韓国人にとって口惜しいのは、昔、植民地にされたことだけではない。そこから自立で独立できず、戦後も戦勝国として認められなかったことが今に続くトラウマとなっている。ここから反日論がでてくる」という説を前章で紹介した。

金泳三《キムヨンサム》政権時代（一九九二〜九八年）の一九九五年八月十五日、旧朝鮮総督府ビルが「光復節」記念祝賀行事の一環として爆破・撤去された。この事実を前にして黒田勝弘は『『あるべき歴史』としては朝鮮総督府の建物はあってはならないのだ。歴史の立て直しは朝鮮総督府という『あった歴史』を消してしまうことである」と書くのである。

「あった歴史」よりも「あるべき歴史」が重要であるというのが韓国人の歴史観であろう。「あるべき歴史」を創造し、永遠の反日運動を韓国は展開していると黒田勝弘は説く。彼の『韓国反日感情の正体』（二〇一三年）から引用する。

たとえば韓国では「歴史を正しく立て直す（ヨクサ、パロ、セウギ）」などということが平気でよくいわれる。われわれは「歴史とは過ぎ去った昔のできごと」くらいに思っているので、それを「正しく立て直す」などといわれてもピンとこない。しかし韓国人はそれで納得なのだ。

筆者はそこのところを「あった歴史」より「あるべき歴史」を重視する考え方と説明してきたが、こうした歴史観は国際的にどれだけ通用する話だろうか。韓国では日本に対ししきりに「歴史歪曲《わいきょく》」といい「歴史認識の一致」を要求する。時にはそれを外交問題にして日本を非難、

四階建てで中央に大きな吹き抜けを擁していた朝鮮総督府庁舎は一九九五年に解体された

糾弾する。

私は黒田勝弘の歴史観に反駁《はんばく》する。日本の歴史も歪曲され尽くしていると思う。「歴史とは過ぎ去った昔のできごと」などとは思っていない。昔のできごとでなく、今のできごとと深く結びつき、今現在を常に動かしていると認識している。彼にはそういう考え方がないらしい。だから日本の多くの識者が、誰が最初に発明した言葉かは知らないが、「韓国の歴史はファンタジー（空想）」という。ならば「日本の歴史もファンタジー」である。特に、幕末から、明治・大正・昭和の時代の歴史はほとんどファンタジーである。だからこそ、私はこの「ファンタジー」に挑戦し続けている。アメリカを抜きにした日韓の歴史がいかにファンタジーに満ち溢れているかを私は書こうとしているのである。

サミュエル・ハンチントンは『文明の衝突』（一九九八年）で韓国について次のように書いている。

一九五〇年のキリスト教徒数はおそらく人口の一ないし三パーセントにすぎなかっただろう。だが韓国が急激な経済発展を実現していく過程で、大規模な都市化が進み、職業が細分化していくと、人びとは仏教にもの足りなさを感じるようになった。「都市に流入した無数の人びとも、変質した農村部に残った多くの人びとも、韓国が農業国家であった時代の何もしない仏教に魅力を見出せなくなった。個人の救済や個人の運命を前面に押しだすキリスト教は、混乱する変革の時代にあって人びとにより確かな安らぎを与えたのである」。一九八〇年代には、長老派とカトリックを中心とするキリスト教徒が韓国の人口の少なくとも三〇パーセントを占めるまでになっていた。

サミュエル・ハンチントンは『分断されるアメリカ』（二〇〇四年）の中では次のようにも書いている。「韓国系アメリカ人のあいだでは、キリスト教徒のほうが仏教徒よりも一〇対一の割合で多い」

私は反日思想の激化に、韓国におけるキリスト教徒の異常なる増加を見るのである。文中、ハンチントンは仏教徒のことを書いているが、仏教は高麗の国では国教であったが李氏朝鮮の時代には禁教となり、かすかに生きのびたにすぎない。李氏朝鮮は仏教の代わりに儒教を国教とした。仏教徒が少ないのは当然である。しかし、韓国となり、増え続けた。

アメリカは秘かにキリスト教徒を李氏朝鮮の中に入れ、教会をつくり、反日のインテリを養成していたのである。あの三・一運動の中にもキリスト教信者が多数いた。読者はハンチントンの文章を読んで気がつかないといけない。

「どうして、一九五〇年に一～三％だったキリスト教信者が一九八〇年代に、たったの三十年で三〇％になったのか」を。

私はここで一つの結論を出して次章に進む。

アメリカはキリスト教を用いて韓国人の頭を洗脳し、それに成功したと。そして今や韓国はキリスト教国となってしまったと。だからこそ、反日を唱え、歴史を都合のよいように改めようとしているのだと。日本は韓国の歴史をファンタジーだと主張するが、韓国人はキリスト教という選民思想を持つにいたっているというわけである。

おお天なる神よ、この卑しき民である日本人を懲らしめ給え、アーメン——というわけだ。

なお、ハンチントンは「韓国系アメリカ人のあいだでは、キリスト教徒は仏教徒よりも一〇対一の割合で多い」と書いているが、後述するように、韓国国内では仏教徒が最も多い。韓国ではキリスト教といえば普通はプロテスタントのことをいう。カトリックは「天主教」と呼ばれている。プロテスタントと天主教を合わせると、キリスト教徒が「宗教無し」を別にすればいちばん多い。儒教の国だといわれる韓国において、儒教の信者は激減している。

後章で、キリスト教について詳述する。キリスト教を知らずして反日思想は知りえない。

第三章

「次なる戦争」への前奏曲

米朝の対日密約と「オレンジ計画」

「黄禍論」という説が西洋諸国に広まったのは、第一次世界大戦後である。日露戦争に勝利した日本人を黄色い人種としてとらえ、この黄色い日本人が禍《わざわい》を世界にもたらす――という説である。米国屈指のジャーナリスト、ディヴィッド・ハルバースタムが『ザ・コールデスト・ウインター朝鮮戦争』の中で、セオドア・ルーズヴェルトが日本について語った言葉を前章で紹介した。この文章には続きがある。ルーズヴェルトの主張を書いている。

〔セオドア・ルーズヴェルトは〕白人の責務論を信じ、普及させた。つまり、強くて頼りになるりっぱな（キリスト教徒の）白人列強が、頼りがいも値打ちも落ちる非白人世界を支配する責務のことである。かれはそれに対応する非白人世界の支配される義務も信じた。かれが、アジア諸国と国民は基本的に劣等だとするアジア観から除外した唯一の国は日本だった。「ジャップはわたしの興味を引く。わたしはかれらが好きだ」とそのころ、友人に書き送っている。結局、日本人は勤勉で、礼儀正しく、よく組織され、それなりにたくましく、帝国主義風に侵略的で、皮膚の色と体格と目の形を除けば、ほとんどアングロサクソンであった。

ここに見え隠れするのが「黄禍論」である。

日露戦争から、日本が韓国を併合する時代、アメリカはフィリピンの植民地化に全力をそそいでいた。そこでアメリカの代役として、韓国を日本にまかせた。そのアメリカの代役を見事に演じる日本を評して、ルーズヴェルトは「ジャップはわたしの興味を引く。わたしはかれらが好きだ」と言ったのである。ルーズヴェルトは「まあ、しばらくはジャップに朝鮮人をまかせておけ。そのうち、ジャップをたたきのめしてくれよう」と本心は言っている。

日露戦争後、「オレンジ計画」が秘密裡に作成された。それは、ジャップというイエロー・モンキーを木に登らせ、そして引きずり落とすという計画であった。続けて、ハルバースタムの本から引用する。

一八八二年、韓国とアメリカ（一部の西欧諸国も）は韓国が攻撃されたら防衛するという条約を結んだ。この支援は明らかに机上のものにすぎなかった。韓国は僻遠の地であるうえ、日露戦争期のアメリカ海軍は哀れなほど規模が小さく、また、ルーズヴェルトは独自のアジアにおける優先順位を持っていたが、韓国は番外だった。アメリカの関心は韓国にはなく、獲得して間もないフィリピンの植民地権益の確保にあった。アメリカの暗黙の同意で、日露戦争後、日本は韓国を〝保護国〟として支配することを認められ、一九一〇年には日本はおおっぴらに韓国を併合、堂々と植民地とした。

ハルバースタムも書いているように、日本の韓国併合は、アメリカという覇権主義国家の御都合主義により完成したのである。

文中、ハルバースタムは、韓国問題に造詣の深い元情報将校の作家、ロバート・マイヤーズの文章を引用している。「日本帝国というオオカミの前に無防備のまま放置された生まれたばかりの子牛と変わりない立場に置いた」と韓国について書いている。李氏朝鮮の劣悪な状況から韓国人を日本人が救い上げたといかに主張しても、アメリカ人（他の西洋諸国の人々も）は、日本の韓国併合を日本人のようには評価していない。

アメリカは李氏朝鮮の末期に条約を結び、「いざという時はアメリカが、韓国を日本の圧力から救ってやる」との密約をしていたことが分かる。だから李承晩が李氏朝鮮の交渉係としてアメリカに渡り、ルーズヴェルトに密約の履行を迫ったのである。そしてアメリカに裏切られる。それだけではない。キリスト教徒たちが李承晩を育て、スパイに仕上げていったのだ。

一九三三年の大統領選で共和党のハーバード・フーヴァーを破って民主党のフランクリン・ルーズヴェルトが大統領となった。セオドア・ルーズヴェルトの一族である。このルーズヴェルトの経歴については書かない。私は拙著『20世紀のファウスト』（二〇一〇年）の中で詳細に彼のことを追った。ここでは、フランクリン・ルーズヴェルトと日韓の関係に的を絞って書くことにする。

金両基編著『韓国の歴史を知るための66章』を再び引用する。大韓民国臨時政府のことが書かれている。アメリカとの関係に注意して読んでほしい。

臨時政府傘下には韓国光復軍総司令部が創設されたが、臨時政府の対日宣戦布告（一九四一）以後、第一支隊はインドやビルマでイギリス軍と共同作戦を展開し、第二支隊と第三支隊は中国駐屯のアメリカ戦略情報局（OSS）と合同して国内進入のための作戦（Eagle Project）に従って訓練を実施し、国内侵攻軍を編成したが、出発直前に日本の降伏が伝えられ、光復軍の国内侵攻は雲散霧消する。（中略）

アメリカでは一九一〇年、大韓人国民会が組織され、クレモントで軍事訓練を実施し、ネブラスカでは朴客万が少年兵学校を組織し、一九一四年にハワイで大朝鮮国民軍団が組織された。一九三〇年代後半、ハワイ大韓人国民会と北米大韓人国民会は、日中戦争をきっかけに中国での軍事運動を後援するために募金運動を行った。また韓吉秀《ハンギルス》を中心にした勢力は中韓民衆同盟団を組織（一九三八年一二月）し、中国の朝鮮義勇隊を後援するために一九三九年、朝鮮義勇隊アメリカ後援会をつくった。これらの団体は「海外韓族大会」（一九四一年四月）を通して在米韓族連合委員会を結成して独立資金募金活動を行い、駐米外交委員部を設置して外交活動を行った。

右の文章を読んでみると、韓国の反日組織が、どれほどの規模で、どれほどの活動をしたかは未知であるが、少なくとも、アメリカが反日軍の援助を多少はしていたらしいことが分かる。特に注目したいのは、「中国駐屯のアメリカ情報局と合同して」とある点である。

蒋介石はこの臨時政府を韓国の亡命政府として正式に承認していた。そこでアメリカ戦略情報局（OSS）がこの政府の軍隊を支援したというのは事実であろう。しかし、一九四五年八月十五日、突然に日本が降伏したので、この臨時政府の軍組織は韓国の地に足を踏み入れることはなかった。その規模もはっきりしない、幻の軍隊といわれても仕方がない。

この軍隊は正式には、光復軍といわれる。長田彰文はこの光復軍について、次のように『世界史の中の近代日韓関係』の中で書いている。

光復軍は、臨時政府自前の軍隊として出発し、発足当初は約三〇人ともされる小規模ではあったものの、次第に規模を拡大させていく。それでも、光復軍は、臨時政府が中華民国国民政府との関係を強化させていく中で、発足時から国民政府傘下の軍隊としての性格ももった。その一方で、光復軍は太平洋戦争勃発後、後述するように米国との関係も深めていくようになる。

文中、「後述するように米国との関係を深めていくようになる」と書かれているが、この光復軍のことは後述する。

決定されていた日本敗北後の委任統治

一九四一年十二月八日、日本の連合艦隊はハワイの真珠湾を攻撃する。この日、アメリカ、イギリス、オランダに日本は宣戦布告する。この本では、太平洋戦争（大東亜戦争）については一切記述しない。主としてアメリカと韓国の関係のみを記すことにする。

もう一度、金両基編著『韓国の歴史を知るための66章』から引用する。少々長い文章だが、読んで、そして韓国の史家の考え方を理解してほしい。

一九四五年八月十五日、日本の無条件降伏で第二次世界大戦が終結し、韓半島は三十五年間の日本による植民地統治から解放された。これに先立ち、第二次世界大戦中の一九四三年十一月、アメリカ・イギリス・中国の指導者たちがエジプトのカイロに集まり「適当な時期に韓半島を解放、独立させる」というカイロ宣言を発表した。引き続きアメリカ・イギリス・ソ連の各指導者によりこれが確認され、さらに一九四五年七月アメリカ・イギリス・ソ連が参加したポツダム会談で韓半島を独立させることが再確認された。韓半島独立に対する国際的保障は日本が戦争に敗れたためでもあるが、韓民族の一貫した抗日独立運動と団結力が国際的に認められた結果である。

韓半島における自主民主国家の建設準備は、国を奪われた瞬間からすでに始まっており、中国の亡命地では上海臨時政府が樹立されていた。臨時政府は右派と左派の統一戦線の意味をもち、独立運動と並行して解放後の建国綱領まで用意していた。当初独立運動団体が地域的に分散していたため、左右の間で理念上の葛藤が生じたが、一九二〇年代後半にも民族唯一党と新幹会運動などを通じて統一運動が推進され、一九三〇年代以後も海外民族解放運動では、統一された民族国家樹立のための運動が推進されていた。

後半分の「韓半島における……運動が推進された」の部分は、かなり詳しく書いた。そして、この小さいながらも韓国の独立運動は一種のレジスタンス（抵抗）であり、武器は持たなかったが、一種の戦争であると私は書いた。「衣・食・住が日韓併合後、李氏朝鮮の時代よりも格段によくなったのだから、韓国人は日本人に感謝しなければならない」という考え方は驕慢《きょうまん》な態度であると私は書いた。衣・食・住足りて不足なしではなく、民族にはそれぞれの誇りがあることを日本人は知らなさすぎるのである。

では、前半分を検討することにしよう。

まず、一九四三年十一月二十二日のアメリカ・イギリス・中国の指導者たちによる「カイロ会談」である。アメリカはフランクリン・ルーズヴェルト、イギリスはウィンストン・チャーチル、中国は蒋介石がエジプトのカイロで会談した。チャーチルは当初、蒋介石を会談に加えることに反対した。だがルーズヴェルトは、戦後の世界をデザインするうえで中国の存在は欠かせないと強く主張し、チャーチルは折れた。この会談で日本に無条件降伏を求めるとの結論に達した。

十一月二十七日、三首脳による「カイロ宣言」の署名がなされた。日本を第一次世界大戦前の島国に戻すという宣言であった。この会議で蒋介石は、大韓民国臨時政府からの要請をうけて、次なる文案をアメリカとイギリスに提案し承諾を得た。「三カ国は、朝鮮の人民が奴隷状態にあることに留意して、やがて朝鮮を自由かつ独立のものたらしめる決意を有している」

右の文章からして、金両基の文章は正しいといえる。ちょうどこのカイロ会談が開かれている時に、大東亜会議も開かれていた。

ルーズヴェルトとチャーチルはカイロ会談の翌日の一九四三年十一月二十八日、イランのテヘランでスターリンと会談する。この会談は十二月一日まで続いた。ここでルーズヴェルトはスターリンに、ドイツ降伏後、ソ連軍が日本に宣戦するよう要請した。また、国際連盟に代わり、国際連合をつくることを提案した。

金両基の本にはこのテヘラン会談が出てこない。なぜか？　朝鮮について、都合の悪いことが話し合われたからである。ルーズヴェルトは、新設される国際連合の信託統治下に朝鮮を四十年間置くべきであると提案した。チャーチルとスターリンは答えようとしなかった。このルーズヴェルトの申し出を朝鮮の人々は知っていたのであろうか。一九四四年に入ると、連合国側の勝利がはっきりとしてきた。ルーズヴェルトの四十年間の信託統治案は、当面の間は信託統治下に朝鮮を置くとされた。

一方、蒋介石はカイロ宣言の署名国となったことを受けて、重慶でアメリカとイギリスの大使との間で朝鮮問題を話し合うようになった。蒋介石は、日本が敗北すると同時に、ソウルの漢江以北(三十八度線より少し南）に中国軍が進駐し、漢江以南にアメリカとイギリス軍が進駐するという案をアメリカとイギリス側に提出した。この駐留期間を三年とした。蒋介石にとって韓半島は中国の属領であるという意識が強かった。金両基の本には、このような記述が全くない。

もし、毛沢東の人民解放軍が蒋介石の国民政府軍と敵対しなかったら、国民政府軍が日本の敗北とともに、一気に北朝鮮に侵入した可能性がある。スターリンが日本の敗北宣言の前に北朝鮮に入ったのは、蒋介石のそうした構想を知っていた可能性がある。否、ルーズヴェルト、彼の死後のハリー・トルーマン大統領との間に三十八度線の分割案がすでに出来上がっていたから、蒋介石の構想は実現しなかった。

次項では、韓半島がいかに列強の餌食にされていったのかを見ることにしよう。

朝鮮の独立を認めなかった米・英・ソの戦勝連合国

アメリカは実験国家である。実験国家の宗教は間違いなくキリスト教である。キリスト教は選民思想を持つと私は書いた。選民思想を持つ国家が戦争すると、「民族淘汰」を行う。世界史は民族淘汰の歴史であったといえる。

アメリカにとっては、日本人も朝鮮人も家畜人間である。セオドア・ルーズヴェルトの日本人論はすでに書いたが、彼は日本人について「ジャップは私の興味を引く」と友人への手紙に書いている。ジャップまたはジャップスという言葉は家畜人間としての日本人をさす。だからモルモットを実験につかうように、日本人も朝鮮人も家畜人間として扱われたのである。このことを理解しないと太平洋戦争も見えてこない。

同様に、朝鮮戦争も家畜人間である朝鮮人を実験材料にした戦争であった。ただ、家畜人間日本人は、その歴史、思想、文化そして国力などを研究し尽くされ、日本人を奴隷化するにふさわしい戦争が仕掛けられたというわけである。

では朝鮮人はどうか。どうしてルーズヴェルトはテヘラン会談で四十年間の委任統治案をスターリンとチャーチルに提言したのか。答はいたって単純である。日本が朝鮮を三十五年間統治していたからである。ルーズヴェルトに温情はない。否、この提案はアメリカそのものが作り出した計画なのだ。もう一度、朝鮮人を新しい奴隷状態に置くという計画である。

戦争とは何か。民族淘汰を作り出すための哲学と思想の面での戦いである。この両面での戦いに敗れると、実際の戦争には絶対に勝てない。次には、戦争を遂行するにふさわしい政治形態を持っていることである。そしてなによりも大事なものは宗教である。日本人は戦う前から戦争に負けていた。しかし、戦争ほど最大最高の、そして宝庫ともいうべき〝実験劇場〟はない。

米英ソ首脳によって戦後の朝鮮を信託統治下に置く密議がなされたテヘラン会談

はっきり書いておこう。朝鮮半島は日本敗北後の「次なる戦争」の実験劇場に決定していたのである。誰が決定したのか、って。それはアメリカの中枢に巣食う悪魔たちだ。悪魔は時に神の姿をとり、神は時に悪魔の姿をとる。

金両基の本にはヤルタ会談のことが書かれていない。一九四五年二月四日からクリミア半島のヤルタでルーズヴェルト、スターリン、チャーチルの米ソ英の三国の首脳による会談がもたれた。ソ連はドイツ降伏後、二、三カ月以内に対日宣戦すること、南樺太・千島がソ連に引き渡されることが決まった。

この会談で、ルーズヴェルトはスターリンに、二十年間、朝鮮を信託統治に置く案を出した。スターリンはもう少し短いほうがいいと主張した。金両基の本には「一九四五年七月、アメリカ・イギリス・ソ連が参画したポツダム会談で韓半島を独立させることが再確認された」と書いている。しかし、朝鮮に対する記載はポツダム宣言にはない。ただ、日本国の主権を本州、北海道、九州、四国、及び連合国が決定する諸小島とした。この中には朝鮮の記載が無いが、日本から切り離されたことは間違いない。しかし、独立国とするとの記載も無いのだから、独立国とは認めていない。それゆえ、ソ連軍が朝鮮に侵攻してきたのである。

このことから推測すると、朝鮮半島をソ連とアメリカが委任統治するという密約ができていたということができる。日本に宣戦布告したソ連は一気に北朝鮮に侵攻したものの、三十八度線を越えず、その三十八度線以北にとどまったことが、スターリンとトルーマンの間にポツダム会談で密約があったことを証している。

後項で詳述するが、アメリカとソ連が朝鮮戦争を仕組んだのである。
では、別の角度から朝鮮を見てみよう。
私は二〇一〇年に『20世紀のファウスト』を上梓した。その中で次のように書いた。

一九四五年四月、ルーズヴェルト大統領が死にトルーマンが新大統領になったとき、駐ソ大使のハリマンが急遽ワシントンに帰った。ワシントンからモスクワに帰任するに際して、病床にあったホプキンス補佐官（その地位をトルーマンに奪われていたが）をモスクワに同伴したいとトルーマンに申し入れた。トルーマンは承知した。トルーマンは特使の資格をホプキンスに与えた。ソヴィエトの心情スパイであったホプキンスはスターリンに一つの提案をした。ハリマンの『チャーチルとスターリンへの特使』から引用する。

日本が追い出された後の朝鮮の将来について、ホプキンスは未解決の問題をスターリンに提案した。慎重に考えた後、ホプキンスは朝鮮を独立国家にする準備のために五年ないし十年、もしくは二十五年間、この国は信託統治地域管理国の支配下に置かれるのが最善ではないか、とスターリンに言った。この管理国とはアメリカ、イギリス、中国、そしてソヴィエトであるとも言った。

ルーズヴェルトの側近中の側近がハリー・ホプキンスであった。ホプキンスの提言は、ルーズヴェルトが幾度もスターリンに語っていたものである。スターリンはホプキンスの問いに「イエス」

と答えた。間違いなく、アヴェレル・ハリマン駐ソ大使とスターリンが戦争末期に日本問題を話し合ったとき、すでに朝鮮の分割統治は決定していたにちがいないのである。

ホプキンスは「五年ないし十年、もしくは二十五年間」とスターリンに提案する。ここでスターリンは五年間説を採り、ホプキンスに伝えた。そこでホプキンス特使は帰国後、トルーマン大統領にスターリンの五年間説を伝えた。これが一九四五年十二月のモスクワ外相会談で最終決定される。しかし、中国は除外され、アメリカ、ソ連、イギリスの外相たちでの決定となる。

蔣介石がアメリカ、ソ連、イギリスの三大国の巨頭の仲間入りをしたのは、エジプトでのカイロ会談だけであった。このとき、蔣介石は国民政府を代表して朝鮮の独立を日本敗北後に認めさせようとした。話題にはなったがそれ以上ではなかった。そうした中で、蔣介石は首都を上海から重慶に移した。日本軍に敗れたからである。大韓民国臨時政府も重慶に移った。同時に臨時政府は光復軍総司令部を創設する。

日本軍は一九四一年十二月八日、ハワイを攻撃。同日、アメリカ、イギリス、オランダに宣戦を布告する。蔣介石の国民政府は、この十二月八日に日本に宣戦を布告した。これを受けて大韓民国臨時政府は十二月十日、主席金九《キムグ》および外務部長の趙素昻の名前で対日宣戦布告書を出す。

韓国の史家はこの宣戦布告をもって、大韓民国は日本との戦争に入り、勝利したといっている。しかし、この布告書は直接日本には通達されなかった。アメリカは朝鮮半島をソ連と二分する計画をすでに持っていたから（その期限は別にして）、この臨時政府の対日宣戦布告書を認めなかったのである。朝鮮半島は三十八度線で分割されたまま、朝鮮戦争の前に、それぞれ独立国として認められることになる。しかし、一九五一年、対日講和会議であるサンフランシスコ講和会議には大韓民国の参加は認められなかった。

対日テロリスト集団と化していた韓国臨時政府

ここで少し脇道にそれてみる。大韓民国臨時政府のことを記すことにする。この臨時政府のことを、日本は「上海仮政府」または「上海不逞団」と呼んでいた。

この臨時政府ができた当初は左傾分子、右傾分子の混成集団であった。この集団が前述したテロ事件を起こしたのである。一九三二年一月八日の天皇爆殺を狙った桜田事件に金九主席が大きくかんでいた。また、一九三二年四月二十九日の上海で日本要人を爆死させた、李奉昌の上海テロ事件も金九が重要な役割を演じていた。

この臨時政府の大統領にアメリカにいた李承晩がなっていた。この政府はフランス租界の中に置かれた。治外法権ゆえに日本が介入できないからであった。一応立法府もあり、国会議員もいた。日本の植民統治下の朝鮮民衆には民族解放と独立国家建設の夢は与えた。しかし、統治する国土がなかった。この臨時政府がその存在をアピールしたのは、前述の桜田門事件であった。朝鮮人による昭和天皇爆殺未遂事件は世界中の人々を驚かせた。それはまた、多くの中国人の反日感情にも火をつけた。金九の名、そして臨時政府の名を広めたのである。

山口隆の『4月29日の尹奉吉《ユンボンギル》』（一九九八年）の中に、金九の『自伝』『朝鮮を知る辞典』が引用されている。ここに記載する。この金九が現在も、韓国の英雄であることを認識しつつ読んでほしい。

金九（一八七六－一九四九）

黄海道で生まれ「金昌洙」と名付けられた。一八歳で甲午農民戦争に参加し東学党に交わる。一八九六年、閔妃《ミンぴ》暗殺に憤り、日本の密偵だった土田陸軍中尉を殺害して逮捕され、死刑になりかけたが脱獄に成功、「金亀」と名を改めた。その後教員となり独立運動に係ったが、一九一一年に黄海道一帯の弾圧事件（安岳事件）に連座して逮捕され、懲役一七年を宣告された。二審で五年に減刑されると、名を「金九」、号を「白凡」に改め出獄を待った。満刑で出所後帰郷したが、三一独立運動が起きると上海に亡命して臨時政府に参加。安昌浩の下で警務局長に就任し日本領事館と闘った。その後、内務総長、国務領に推され、二七年、国務領制を改めて国務委員主席に就任、以後、臨時政府の実質的指導者として紆余曲折を経ながら解放まで臨時政府の法統を維持した。

金九は臨時政府主席として、日本の敗北後に朝鮮に帰ろうとした。しかし、アメリカはそれを認めなかった。それで金九たちは個人の資格で朝鮮半島に帰ってくる。一九四九年、ついにアメリカのスパイ李承晩の配下のものに暗殺される（後述する）。

私は金九をいかに理解するかによって、韓国への理解度が変わってくると思う。韓国に関する多くの本は、反韓、嫌韓一色である。金九について詳述した本は一冊もない。登場しても記述はせいぜい一行どまりである。「テロリスト・金九」という扱いである。しかし、韓国では彼こそが建国の英雄なのだ。「日本は併合時代の三十五年間、善政を敷いて良いことをした」という伝説のみで、反韓、嫌韓を煽ってよいのかと私は危惧している。反日闘争にテロリズムしかなかった時代があったことを知る必要があるのではないか。テロリストを英雄視する韓国の一面を知り、日本人も悲しい時代を共有すべきなのではないか。

尹浩根《ユンホクン》の『恨《ハン》半島　ある外交官の生き方』（二〇〇二年）から引用する。尹浩根は北朝鮮から韓国へ流れてきて、独学で外交官になった。その彼が「恨《ハン》」について書いている。この彼の「恨」を理解することなく韓国を理解することはできないであろう。

第一に、私の祖国と私個人の恨の思いは、私の祖国の国としての弱さや私の人生を苦しめた貧困への深い悲しみと絶望に由来する。第二に、恨は朝鮮の古い貴族社会で寄るべない農民や商人が抱いたはずの複雑な気持ちを表す。彼らが生涯を通じて苦しんだはけ口のない不公平――彼らだけでなく、その子ども達も同じ運命をたどった――によって傷ついたという深い気持ちを生んだ。

国として恨の念は、二十世紀に日本の植民地化のもとで筆舌に尽くしがたい不公平に苦しんだことで深まった。私たちは国として弱く、私たちの主権を守れなかった。私は日本の支配下で育ったものとして、無数の同胞とともに祖国の悲劇に思いを致す。私の人生での悲劇的な出来事も、個人的な恨の念を生んだ。私がこの本の中で語りたいと思う恨は、歴史的なものであり、しかも個人的なものである。

恨の念は、その深さやその重層的性質を考えても、何らかの行動によっては容易に晴らし得ないものである。度重なる悲劇によって、多年の間に紐の結び目のように固くしまった恨の念を「解きほぐす」方法の一つは、それらの悲劇の中を生き残り、私たちの潜在力を最大限に伸ばし、他に抜きん出て、私たちが生涯の間に直面する運命を克服したことを示すことである。そう考えることが、困難な時期の私に力や救いを与えた。私は自分が運命を全うすることこそが、私の家族の恨をはらす唯一の方法だと考えている。

私は日本人として、朝鮮人（あえてそのように書く）の「恨」を理解しえない。しかし、この本の中で「恨」について書き続ける。それは朝鮮人の心情に一歩でも近づきたいと思うからである。尹浩根は「大国の手の中での長い抑圧の歴史と無関係ではない。恨という朝鮮語の真の意味は、外国語ではほとんど表すことはできない」とも書いている。また「恨の思いは重層的で、その背景と切り離しては理解し得ないものである」とも書いている。

私は朝鮮戦争こそは、恨そのものであると思っている。反日の情も恨そのものである。なぜ、反日という恨を、日本人は朝鮮人から投げかけられ続けているのか。私はその解明の旅を始めるつもりだ。

■――呉善花女史がどうしても書けない「真犯人の名前」

黄文雄《こうぶんゆう》の『日本を呪縛する「反日」歴史認識の大嘘』（二〇〇七年）から引用する。彼の歴史観が一般的な識者のそれである。

三・一運動以後に起こった韓人の反日運動は、李朝時代の朋党内紛の延長にすぎず、半島の民衆からの支持を得ることはできなかった。そこで、抗争を繰り広げる人々は半島の外で殺し合いをするようになり、もともと反日運動と思われていたものは、いつのまにか半島外での韓民族の抗争運動となっていった。（中略）

日韓合邦後、中国、シベリア、アメリカなどへ避難していた抗日民族運動家たちは、国外でも抗争を続けていた。そして、抗争は激化の一途をたどり、暗殺、襲撃などのゲバを繰り返したのである。シベリアに亡命中の抗日ゲリラが、内部抗争によってソ連軍に虐殺された事件は、「黒河事件」として有名である。

こうして、反日の英雄や豪傑同士の殺し合いは戦後も続いた。金九《キムグ》や呂運亨《ロウニョン》などの有名な独立指導者や活動家は次々と暗殺され、過去の反日英雄たちは日帝の敗戦とともに内紛によって殺し尽くされたのだ。

この黄文雄の本ほど詳細に、反日行動の英雄について書いた本は少ない。日本の識者のほとんどは反日運動を完全に無視している。その中でも例外は長田彰文の『世界史の中の日韓関係』である。この本には臨時政府の光復軍をアメリカの戦略情報局（OSS）が指導する様相が具体的に書かれている。一部引用する。

一九四二年三月には「心理戦共同委員会　朝鮮における可能な活動」や「日本に対して朝鮮人を用いる提案」などの文章が六月の「日本計画」最終案策定と連動する形で出された。

OSS特殊工作部が重慶近郊にOCI（情報調整局）の本部を設置し、このOCIに大韓民国臨時政府が加入し、諜報と破壊活動を行うのである。

山口隆の『4月29日の尹奉吉』から再度引用する。

宣戦布告もなしに、闇の中を戦車を押し立て武力侵攻を開始することは許されても、それに抵抗する行為は卑劣なものとして許さない。こんな勝手な理屈を、自分勝手だとは思わなかった「文明国」の日本人。今なお勝手な日本人は多い。

侵略の加害者である日本人が、まず問題にしなければならないのは、侵略という自国の「非人道的、反平和的」な暴力行為そのものであり、それを抜きにして、侵略された側の抵抗の方法に暴力的ではない「人道的、平和的」な手段を求めることは厚かましいことであるばかりでなく、侵略と抵抗の因果関係を無視して、原因の方を一方的に糊塗することにしかならない。

私はこの山口隆説に賛成する。これは左翼史観そして右翼史観の問題を超えて考えねばならないことである。このことを理解しないと戦争というものの真の意味を理解しえない。前にも書いたが、大砲を撃ちあうだけが戦争ではない。外交的策略も、世論操作も、テロリズムもすべて戦争である。欺し方が悪いとか、善意がないとか、平和的ではないとかは、戦争の何たるかを知らない平和ボケした人間の妄言である。

黄文雄は次のようにも書いている。

戦後の朝鮮戦争、南北分断だけでなく、今日南北が統一できないのも、すべて「日本」のせいだと、韓国人はよく主張する。

だが、大戦後、朝鮮半島の南北それぞれに進駐したり支援したりしたのは、ソ連とアメリカであり、朝鮮戦争中に義勇軍を派遣したのは中国である。だから南北分断の責任があるとすれば、この三国のいずれかだ。なぜここで日本が出てくるのだろうか。

日本がもう少し早く降伏していれば、ソ連軍が半島に入ってくることもなかっただろうというのが、その理由らしい。

一つの文章、「日本がもう少し早く降伏していれば」の韓国人の願望は「日本がもう少し遅く降伏していれば」と同じ発想である。

黒田勝弘は『韓国反日感情の正体』（二〇一三年）の中で、この問題に対し、「韓国の日本に対する鬱憤は過去の歴史にあることは間違いない。しかしその鬱憤は日本に支配（侵略？）されたことより、その支配を自力で打ち破ることができなかったことにあるというのが筆者のかねてからの見たてである。戦後の日韓関係の問題点はすべてここから発している。結果的に、日本の事情より韓国の事情に左右されてきたといえる」と書いている。

私は、朝鮮問題を国際関係の中から見るという視点が日本の識者たちに欠けていると思う。朝鮮半島をめぐる中国と日本の確執の面から見ようとする歴史解釈は片手落ちであると書き続けてきた。なぜ、アメリカの策謀がもたらした結果を、過去に溯って見ようとしないのかと問い続けてきた。

この項の最後に、呉善花の『韓国併合への道・完全版』から引用する。

韓国の学者たちは通常、韓国は一八七五年（明治八）以来日本と七〇年戦争を戦ったと主張している。

その七〇年間とは、一八七五年の日本による韓国江華島砲撃にはじまり、日朝修好条規、日清戦争、日露戦争、日韓議定書、第一次～三次日韓協約と続いて日韓併合条約が締結され、三五年にわたる日本統治が一九四五年八月に終わるまでの七〇年間である。この全期間を、日本がしかけた侵略戦争に対する韓国の反侵略戦争の歴史と位置づけるのである。

私は日韓併合条約の前後の関係、そして三十五年にわたる日本統治の概略を記した。そして侵略戦争に対する韓国の反侵略戦争の歴史を書いてきた。しかし、ここにもアメリカは登場しない。なぜか？　それは韓国がアメリカに支配されて言論の自由を失っているからに他ならない。日本人は言論の自由を一応は有しているが、大きな世界史の視点から、韓国人の歴史観を見て、その誤りを正す力量がない。大いなる歴史観を持つ勇気と器量を日本の知識人は持っていない、というのが私の持論である。続いて彼女の本を読んでみよう。

戦後韓国の李承晩政権にとっては、日本の「植民地支配」に甘んじてきた「屈辱の歴史」を精神的に清算し、民族の誇りを回復する政策が是非とも必要だった。李承晩にとってそれは、日本民族に対する朝鮮民族の優位性を回復することに等しかった。それが反日民族主義の出発点となった。

呉善花は韓国生まれの韓国人ながら、日本に帰化した学者である。この女性学者は韓国人の心情をさすがによく理解している。しかし、彼女の著書には、朝鮮戦争を演出し、数百万単位の死傷者を出した最大の犯人・アメリカ帝国の名さえ登場しない。

反米はどこに消えてしまったのか。なぜ、反日だけが叫び続けられているのか。一九四五年八月十五日を記すことにしよう。

「なぜか？」と私たちは七十年前の出来事に疑問を持とうではないか。

――三十八度線分割は「次なる儲け口＝戦争」の準備工作

私は、朝鮮戦争はアメリカとソ連の〝合作〟による戦争であると思っている。この考えはもう十数年来変わることはない。

スターリンはルーズヴェルトとのヤルタ会談での約束を守って対日戦争に参加した。このとき、アメリカとソ連の両軍は、日本海東北部から朝鮮半島を結ぶ線を画定した。そのため、アメリカ軍もソ連軍も、朝鮮半島へ進攻することには何ら軍事的取り決めをしなかった。ポツダム会談でも朝鮮半島の問題は話し合われなかったのだ。

ここで、金学俊《キムハクジュン》の『朝鮮戦争　痛恨の民族衝突』（一九九一年）から引用する。金学俊は韓国東北アジア歴史財団理事長であり、「戦時の連合国会談が朝鮮半島の分割について責任がないわけではない。なぜそういえるのか。次に説明することにする」と前置きして次のように解き明かす。

第一に、戦時の連合国会談は、日帝敗戦後の朝鮮半島にただちに独立を賦与すべきことについて合意せず、連合国による信託統治を実施すると決定した。これによって、戦後の朝鮮半島問題をすでに国際化させてしまったのであり、終極的に朝鮮半島が分割される道を開いてしまったのである。

もし戦時の連合国会談が朝鮮の即時独立を約束し、同半島の運命をその主人たち（朝鮮民族）に任せたならば、たとえ民族独立運動勢力の理念的分裂と対立にもとづく大きな混乱と内部闘争の期間を経たとしても、朝鮮半島の分断の悲劇を回避する可能性はより多かったであろう。

この金学俊の言わんとすることを、すでに私はある程度具体的に書いてきた。続けて読んでみよう。アメリカの策謀が見えてくる。朝鮮半島を「次なる戦争」の劇場にする道筋が見えてくる。

第二に、とくにヤルタ会談は、ソ連の対日参戦の約束をスターリンから取りつけるために、ソ連が朝鮮半島へ進攻する根拠を作ってしまった。この頃には日帝の敗戦は目前に迫っており、原爆製造計画の成功が予想されていて、ソ連軍の介入がなくとも、東北アジアでの戦争を米国主導のもとに終わらせる可能性は決して小さくはなかった。

それにもかかわらず、日本関東軍の戦力を過大評価するあまり、ルーズベルトは多くの譲歩をしてまでソ連の参戦を催促した。その結果、ソ連が日本の降伏のわずか七日前の一九四五年八月八日に日本に対し宣戦を布告し、八月十二日朝鮮半島へ初めて上陸して、その北半部を占領する道を開いたのである。

金学俊はアメリカの秘密をそれとなく明らかにしてくれる。彼はアメリカを直接非難する立場にないにもかかわらずだ。彼の説明は見事に、朝鮮戦争の何たるかを暗示する。ソ連軍は八月十二日に初めて越境し、一気に三十八度線まで攻め込んで、それ以上進攻しなかった。この一点から見ても、すでに三十八度線がソ連とアメリカの境界線であったことが分かる。

大森実は『日本はなぜ戦争に二度負けたか』（一九九八年）の中で次のように書いている。

戦時中、日本の軍部内にも三八度線の境界意識があった。三八度線の南側は第十七方面軍（朝鮮軍）、北側は満州の関東軍の管轄であったため、敗戦で第十七方面軍がアメリカ軍に武装解除されたのに対し、ソ連軍に武装解除された関東軍将兵はシベリアに連行されたという、皮肉な境界線でもあった。

この大森実の文章を読んでも、ソ連軍が三十八度線の北側に留まって、アメリカ軍が三十八度線に向かって北上してくるのを待っていたことが分かる。これは偶然ではなかったのである。

ソ連軍が三十八度線に達したとき、アメリカ軍は九百六十キロ離れた沖縄と、二千四百ないし三千二百キロ離れたフィリピンにいた。この三十八度線に関するディーン・ラスクの証言はすでに書いた。ラスク（当時大佐）は偶然に地図の上で三十八度線を発見し、国防省のジョン・マックロイ次官補に報告し、三十八度線以南にアメリカ軍が留まることにしたというものである。

ラスクは「米軍の責任地域の中に朝鮮の首都であるソウル、および朝鮮の最も大きい港である釜山と、次に大きな仁川を、すべて米軍の管掌地域の中に包含させることが重要だと考えた上で、三十八度線を決めた」と後日語っている。この三十八度線案はヘンリー・スチムソン陸軍長官（実質的な国防長官）のもとで、太平洋地域連合軍最高司令官ダグラス・マッカーサー元帥に下達された一般命令第一号となっていくのである。

長田彰文の『世界史の中の近代日韓関係』を再度引用する。

こうして、三八度線を分割線として、その以北地域はソ連、以南地域は米国が該当地域の日本軍から降伏を受理して武装解除するという名目で行なうことをソ連に提案することが決定され、八月一三日に連合国軍最高司令官に就いたマッカーサーが翌八月一四日、三八度線朝鮮半島分割案をソ連側に提案した。それに対して、ソ連は八月一六日、米国の提案を了解する旨を回答したが、この時点で朝鮮半島において米国より有利な状況にあったソ連が米国の提案を受け入れた背景としては、米国の提案受入れの代わりに日本の分割占領にあずかることを米国に了解させたかったこと、前述の一九〇三年の日露交渉時と同様に敵対的国家が朝鮮半島すべてを掌握するのを認めない一方で自らが朝鮮半島すべてを掌握することも過剰介入ということで望まなかったことなどが考えられる。

この文章を読むと、一気に（わずか数日のうちに）朝鮮半島がアメリカとソ連に分割されていく様子が分かるのである。前もってストーリーが出来上がっていたとしか言いようがない。

ハリー・S・トルーマンの『トルーマン回顧録』（一九九二年）を見ることにする。彼は朝鮮戦争当時のアメリカ大統領であった。

三十八度線を朝鮮の分割線とすることは、一度も国際間の討議にのぼらなかった。それは米国の方から日本の戦争機構が突如崩壊したときに、実際の解決策として提案したものであった。わが方はそこに兵力をもっていたわけではなく、また半島の南半分の一部に対する以外は、地上兵力を送るべき船舶ももっていなかった。国務省は、朝鮮全土の日本軍の降伏を米国が受け入れることを主張したが、米国軍は、日本本土へ最初に上陸部隊を送り込む安全性を犠牲にしなくては、北鮮に兵力を送る時間的余裕がなかったのである。スターリンが共同信託統治の構想に賛成している事実からみて、朝鮮を分割しても、それは単に日本軍の降伏を受諾する目的のためであって、やがて共同管理の道が全半島に渡って開かれるものと期待していた。

しかし、ソ連側は、ただちに三十八度線を永久分割線として取り扱い始めた。彼らは時に応じて緊急な許可を与えるときのほか、その線を通過することも許さなかった。朝鮮の小さな工業のための大部分の工場は北鮮にあり、良い農耕地は南鮮にあったので、国を分割したことは国民の一般経済生活を混乱におとしいれ、国民の貧困の度を加えた。

この文章を読むと、三十八度線分割ができた後の朝鮮半島の不幸がなんとなく伝わってくる。トルーマン元大統領は三十八度線分割を、半ば偶然のように書いているが、矛盾しているところもある。それは三十八度線が既成事実であった疑いが見えるからである。「スターリンが共同信託統治の構想に賛成している事実からみて」と、トルーマンが記しているからである。

共同信託統治構想こそは「次なる戦争」の準備工作であった。アメリカは朝鮮半島に独立を与えると、ヤルタ会談で言えばよかったのである。また、ルーズヴェルト大統領の死後、ハリマン駐ソ大使が一時帰国して、トルーマン大統領の許可を得て、ルーズヴェルト大統領の補佐官であったホプキンスをソ連に連れていって朝鮮半島の共同信託統治を提案し、スターリンも「イエス」と言っている。このことからして、トルーマンもすでに朝鮮半島を「次なる戦争」の劇場にすべく動きだしていたのである。それゆえにこそ、三十八度線が大戦末期にすでに既定の事実になっていたのである。

「洗脳工作」に成功したアメリカ、失敗した日本

さて、「洗脳」ということを記しておきたい。この言葉を知るのに恰好の本がある。キャスリーン・テイラーの『洗脳の世界』（二〇〇六年）である。引用する。

「洗脳」という言葉は戦争の混乱の中で生まれた。その戦争とは第二次世界大戦と思うかもしれないが、そうではなく——振り返って見るとナチスの手法だったことが明らかになっているが——朝鮮戦争であった。この戦いは一九五〇年に、中国の共産主義政権に支援された北朝鮮が韓国に侵入して発生し、その後、組織されたばかりの国連が韓国に多国籍軍を送った。その共同作戦の中心をなしたアメリカは、敵に捕らわれた兵士に奇妙なことが起こっていることに気付いた。戦争捕虜施設から戻った兵士の一部は、明らかに共産主義者に転向しており、母国

を非難し、毛沢東主義的生活を讃美する傾向が強くなっていた。もちろん、捕虜が捕らえた側を讃えるこのような現象は新しいことではなかった。しかし、このような兵士の一部は、共産主義者の手から解放された後も、その奇異な——そして情熱的な——背信を示し続けた。彼らの行動に慌て、道徳的にも大きな影響があることを心配したアメリカは、ＣＩＡ捜査官のエドワード・ハンターが一九五〇年に公に「洗脳」と名付けたこの現象を研究し始めた。

彼ら洗脳された兵士たちは「戦闘神経症」と呼ばれる症状を示していた。この症状は今日では「心的外傷後ストレス障害（ＰＴＳＤ）」といわれている。ある外的な大きなショックを受けると、恐ろしいほどの人格変化がもたらされることが分かっている。簡単に記すならば、気分と行動に動揺をきたしやすくなり、危険なほどに暗示にかかりやすくなるということである。

要するに、朝鮮戦争後に朝鮮半島のほとんどの人々、そしてアメリカ兵や中国兵の大多数がＰＴＳＤに陥った可能性が大きいということである。

アメリカは朝鮮戦争後、自分たちが仕掛けた戦争が後に反米思想を生むことを懸念して、朝鮮半島、特に南朝鮮の人々を再教育したと考えられるのである。それが、私がいう歴史のすり替えを通して南朝鮮の人々を「洗脳」する処置を施した、という説である。

ディヴィッド・ハルバースタムの『ザ・コールデスト・ウインター朝鮮戦争』を再度引用する。ここに引用する文章を読むと、日本の識者が書いている日本の韓国併合説と雲泥の差があることが分かる。ハルバースタムははたして、ＣＩＡによる洗脳工作にかかっているのだろうか。彼はアメリカでも屈指のジャーナリストであった。

日本人は帝国の使命と民族としての優越を確信し、朝鮮独立のほとんどすべての痕跡の破壊に乗り出した。日本人が意図したのは朝鮮文化の抹殺にほかならず、まず手をつけたのは言語だった。朝鮮の公用語は日本語と布告され、学校の授業は日本語でおこなわれた。日本語の教科書は国語読本と呼ばれ、朝鮮人は日本名をつけるべしとされた。朝鮮語は土地の方言となり、それ以上のものではなくなった。

多くのいわゆる植民地主義者と同様、日本人が学ぶべきは、被征服国民を価値あるものにしたいのであれば、それを抑圧しさえすればよいということだ。そうしてのみ、歴史、言語、土着の宗教、その他ごく当たりまえと考える平凡な事柄が真の意味を獲得する。日本人の植民地化が引き起こした亀裂は多くの外国人が気づいたよりも深く社会に浸透した。国家は三十八度線で分裂しただけでなく、ある意味で、断層は国民全体の間を貫き通した――この悲惨な時代、事実上すべての朝鮮人がどちらかの側かに関わった。そのことはあらゆる種類の大きな内部分裂を引き起こす下地となった。朝鮮戦争中もそのふたつは衝突していたのである。

この文章を読むと、今、日本国中に洪水のように溢れる反韓論の影が薄くなるような気がしてくる。ハルバースタムが真実を述べているのか、それとも、日本の識者たちが真実を述べているのかと、疑問の渦に巻き込まれそうになる。ハルバースタムは日本人の朝鮮支配は圧政、暴政であったとの説を披露している。続けて引用する。

朝鮮戦争は北が南を侵犯する越境戦争にとどまらなかった。なぜなら、そこには植民化された過去をひきずる亡霊がおり、数十年にわたってくすぶりつづけた政治闘争がかかわっていたからだ。双方は手を変え品を変えて半世紀近くも机上に載せられていた論議の結着をつけようとした。日本人の過酷な圧政により民族主義者は祖国でごくわずか生きのびていたにすぎなかった。ある意味で、現代朝鮮物語の過半の源流はこの事実に発している——国に残った愛国者は日本人と関係したことで腐敗し、亡命者らはかれらを受け入れた大国——ロシア、中国、アメリカ——との関係で腐敗した。少なくとも両者は深刻な影響を受けた。

ハルバースタムは、朝鮮半島の悲劇の原因は日本の支配にあるとする説をたてる。そして、日本の圧政が朝鮮戦争ゆえに深刻な影響を北朝鮮と南朝鮮に与えたと説く。彼は日本人が朝鮮文化を抹殺したと説く。日本の識者たちは、創氏改名も日本語教育も宗教政策も深く考えない（私は紙幅の都合上割愛したが）。

ハルバースタムは「国家は三十八度線で分裂しただけでなく」と書くけれども、三十八度線で朝鮮列島を二分したのはアメリカである、とは決して書かない。ハルバースタムの主張にはCIA仕込みの「洗脳工作」が見えてくる。

アメリカは自由な国だというが、本当にそうなのか。ハルバースタムは「ニューヨーク・タイムズ」の花形記者だった。そして多くの著書を残した。私は彼の作品のファンであった。しかし、この朝鮮戦争の本を読み終えたときの私の感想は「とても悲しすぎる本」であった。「なぜか?・」。そこに朝鮮人に対する、また日本人に対する〝温かみ〟が感じられない点にあった。この上下二巻の大作は朝鮮戦争から半世紀が過ぎて書かれたものである。生存している多くの当事者の証言も出てくる。この本を読んで、アメリカ人と日本人のものの考え方の相違を私は強く感じた。あの戦争の悲劇の体験はとっくに風化しているのである。

この章はこの項をもって終わる。次章は「朝鮮戦争への道まっしぐら」である。アメリカが朝鮮戦争を仕掛けるために、いかにして朝鮮半島の人々を不幸のどん底に突き落としたかを書くことになる。

ひとつだけ確かに言えることがある。それは朝鮮半島を日本が支配した三十五年間に、日本はいくらかよいこともしたということである。私はそう信じている。しかし、アメリカは日本の敗北後、南朝鮮（韓国）に進攻して以来、悪業に悪業を重ねたのである。日本人も韓国の人々もそのことは巧妙に伏せている。だから幾度も書き続けるように、「反米」が「反日」にすり替えられたのである。

アメリカは「洗脳工作」によって、自国の大衆の未知に対する恐怖を和らげようとした。キャスリーン・テイラーの『洗脳の世界』からもう一度引用する。

洗脳の概念によってアメリカ人は、自身が強大な悪魔になり得るというキリスト教的原罪（と広島、長崎の惨劇）の暗黙の意識に対峙することを避けることができたとも言われている。

では、私はキャスリーン・テイラーと同じように、次のように書こう。

――洗脳工作を通して、アメリカは韓国人に、朝鮮戦争を仕掛けたアメリカの原罪の意識に対峙することを避けさせた。そして、朝鮮人に朝鮮戦争を忘れさせ、日韓併合の罪を問えと洗脳し、見事に成功した。

「民族淘汰」（皆殺し）の願望からユダヤ教が、そしてキリスト教が生まれた。皆殺しの歌を聴こうとすれば旧約聖書を開けばよい。朝鮮戦争中に流れ続けた歌は「皆殺しの歌」であった。彼らが歌うアリランの中にそれは流れた。「反日」は「反米」のすり替えである。私たち日本人はアメリカに向かって、「なぜか？」と問う以外に、この反日の歌を消すことができない。アメリカの幇間国家に成り下がり、〝たいこもち〟をしている日本の識者たちよ、男芸者たちよ、静かに立ち去るがいい。

第四章

朝鮮戦争への道まっしぐら

■――アメリカは朝鮮人を奴隷扱いし続けた

一九四五年八月十五日、朝鮮総督府の日本人官吏たちは、「玉音放送」の後に、総督府庁舎の各階の窓から重要書類を投げ下ろし、中庭で油をかけて焼却した。青空の下で灰が舞い、黒煙が立ち上った。日本の内地の各所でも同様のことがなされた。大日本帝国が崩壊した瞬間であった。こうして朝鮮を支配した総督府の重要書類のほとんどが焼却された。焼却は十数日間に及んでなされたのである。

ここでもまた、長田彰文の『世界史の中の近代日韓関係』から引用する。

朝鮮総督府ナンバー・ツーの政務総監・遠藤柳作は八月一五日、ソ連が朝鮮に進軍して朝鮮全土を占領するという見通しをたて、敗戦とソ連占領の見通しという混乱の中で朝鮮人指導層の中で穏健派と目された呂運亨《ロウニョン》と接触した。遠藤は、治安の維持および朝鮮在住日本人の安全と財産の保護のために協力を要請したが、呂運亨は、一、政治犯および経済犯の即時釈放、二、八月から三カ月間の食糧の確保、三、朝鮮人による治安維持・建国運動のための政治活動への不干渉、四、学生・青年に対する訓練への不干渉、五、労働者・農民の組織化・動員への不干渉という五つの条件を提示した。遠藤はそれらの受入れを了解して、朝鮮における行政権が事実上、いったん朝鮮総督府から委譲された形となった。

ここまでを読むと、朝鮮総督府から朝鮮人指導者への権力委譲がうまくいっているようにみえる。しかし、現実はまったく逆であった。呂運亨の準備工作は暗礁にのり上げるのである。ここで呂運亨のことを記すことにする。

呂運亨は三・一運動のときから民族運動に入っていた。高麗共産党にも一時期加入している。また、実業家として朝鮮中央日報社長となり、言論活動も展開した。一九四四年には建国同盟を結成した。呂運亨は朝鮮総督府から治安維持の権限委譲を受けることになった。しかし、彼が結成した朝鮮建国準備委員会は全国に支部をつくり百四十五人の人民委員会もできたが、左右両派の対立が激しくなった。

一方、大韓民国臨時政府の大統領を務めていた金九《キムグ》は、光復軍とともにアメリカ諜報機関OSSの援助下でアメリカの潜水艦や航空機で朝鮮半島へ進攻し、日本軍と戦うことになっていた。その直前に日本が敗北宣言を出したために、光復軍は日本の敗戦に少しも貢献できなかった。アメリカ政府は光復軍の凱旋《がいせん》を認めず、個人として朝鮮半島への帰還だけを認めた。もし、光復軍の凱旋をアメリカが認めていれば、後のアメリカによる委任統治支配はなかったかもしれない。

八月十六日、遠藤柳作政務総監は呂運亨との約束を守り、約一万六千人の政治犯全員を釈放した。日本の識者たちは、日本の朝鮮統治は、朝鮮人によるたいした反乱もなく進んでいったと、偽りの歴史を私たちに伝えている。彼らが歪曲したこの歴史観は全くのデタラメである。多くの朝鮮人が日本統治の味方をし、総督府に協力したが、一万人を超える不満分子が日本の統治に反対し、闘い続けていたのである。

朝鮮総督府は二つの顔を持っていた。一つの顔は政務総監遠藤柳作らの、朝鮮人のための、朝鮮人による政治体制への移行であった。多くの政治犯が釈放され、八月十五日からしばらくの間、朝鮮人は「万歳《マンセー》！　万歳！」と叫び、歓びあうのである。しかし、もう一つの顔を持つ朝鮮総督府の奸計により裏切られるのである。

アメリカ軍はこのとき、沖縄にいた。総督府はこのアメリカ軍に、「朝鮮人は、アメリカ軍を歓迎しない、無法な暴徒である」との英文の報告書を送る。アメリカの先遣隊が九月六日、ソウルに到着する。総督府は、先遣隊のメンバーを大歓迎して接触しようとする朝鮮人を追い払うのである。翌九月七日、先遣隊の幹部は総督府を訪問し、総督府の人員組織をそのまま存続させることを告げたのである。しかし、降伏文書の調印後、九月十二日に阿部信行朝鮮総督、政務総監が解任され、二十日にはアメリカ軍政府が発足する。

一方、日本の敗戦前に北朝鮮に進駐していたソ連軍は、八月中に日本軍を武装解除し、兵士の多くをシベリアに連行する。各地で選挙が行われ人民委員会に行政権を移管した。ソ連軍司令部は九月に入ると司令部内に民政部を設置して、人民委員会を指導するという形で北朝鮮を間接支配していく。北朝鮮については後述する。

分割統治は北朝鮮のみならず、南朝鮮においても九月中にほぼ完成したとみられる。朝鮮人たちは、日本軍の解体、総督府の整理による一時的な分割占領だと思っていた。しかし、アメリカとソ連がそれぞれ南と北に分割し、分断国家体制に持っていった現実を知り、歓喜の歌はたちまち絶望の歌に変わるのである。

――日本の支配体制を引き継いだアメリカ軍政

マッカーサーについて少しだけ書くことにする。八月三十日、フィリピンから神奈川県厚木の海軍飛行場に到着。九月二日、東京湾に投錨したアメリカ戦艦ミズリー号の艦上で日本全権重光葵、および梅津美治郎の二人が降伏文書に調印した。この日、マッカーサーは、アメリカ軍が南朝鮮、ソ連軍が北朝鮮の地域を、日本軍を武装解除するという名目のもと、分割占領するという政策を発表した。もちろん、マッカーサー声明は、アメリカ政府の意向をマッカーサーが朝鮮半島の人々に伝えるものであった。九月七日、アメリカ極東軍司令部は北緯三十八度線以南の南朝鮮に軍政を実

呂運亨と金九（下）

施するとの布告を出すのである。これが「マッカーサー布告第一号」であった。
九月八日、ジョン・R・ホッジ中将率いるアメリカ第二十四軍が仁川《インチョン》に到着した。朝鮮人たちはこの軍隊を「解放軍」として大歓迎する。翌九月九日、ホッジはソウルに入る。ホッジは日本側の代表との間の降伏文書に署名する。北緯三十八度線以南の日本軍がアメリカ軍に降伏するというものであった。ここに日章旗は降ろされ、星条旗が掲揚されることになった。

ギャヴァン・マコーマック（オーストラリア国立大学教授）の『侵略の舞台裏』（一九九〇年）を見ることにする。アメリカがいかなる国家であるかを知ることができる。

そもそも朝鮮の分断は、アメリカの一方的決定によるものであった。ソ連はアメリカよりも四週間早く朝鮮に軍隊をおくりこみ、そこにおける日本軍相手の戦闘を一手に引きうけたものの、朝鮮分断についてのアメリカの決定に異論をさしはさむことをしなかった。終戦直後の一九四五年九月、朝鮮に上陸し、朝鮮南部に軍事的支配を樹立したアメリカは、すでにその行政区域内に育っていた朝鮮人自身の萌芽的共和国（呂運亨主導下の朝鮮人民共和国）とその草の根の組織である人民委員会の承認を拒否した。

アメリカは朝鮮半島にやってくると、朝鮮人の多くが憎悪の的（実際にそうであった）にしていた総督府の日本人官吏や、日本人の手先となり自民族を裏切った対日協力分子を、アメリカの支配権力を支える要員として利用したのである。そして、朝鮮の解放を求める呂運亨らの諸勢力を、共産主義者のレッテルを張って排斥していった。

朝鮮半島に上陸すると、アメリカはただちに、「次なる戦争」の準備に入ったのは明白なる事実である。かつての日本統治時代の旧支配層が歓迎され、時代遅れの特権を維持し、アメリカ軍と組んで、進歩的勢力を弾圧した。マコーマックは次のように書いている。

アメリカ支配が始まってから、莫大な富と権力がアメリカ人の手に渡った。アメリカの軍政は、都市の最高級の住宅、事業体と工場のほとんどすべて、米作農地の五分の四、莫大な量の商品、銀一七トン、工業用金属やゴムのぎっしりつまった倉庫等々、をそっくり引きついだ。

私たち日本人は幸運であった。マッカーサーにより、占領後の数年間で改革が推し進められて、旧支配装置が、完全ではなかったものの取り除かれた。それだけではなく、多くの日本人は占領軍を解放者として迎えたのである。民主主義は占領軍とともにやって来たのだ。

日本の識者、歴史家、ジャーナリストたちは朝鮮統治時代の思想統制システムを語ることはない。それは日本国内よりも格段に厳しかった。すべての政治集会は統制・監視されていた。新聞・印刷物・映画なども事前検閲を受けていた。高度に発達した秘密警察がスパイ活動および情報密告者のシステムをつくっていた。なによりも、八月十五日からの数日間で、政治犯一万六千名が解放された事実が日本による残酷支配を物語っている。反韓論を書き続けるインテリたちは、こういった事実をひた隠しにしている。「なぜか？」。日本は確かに朝鮮の人々を豊かにはした。しかし、問題も多く残ったのである。

アメリカは、右翼、対日協力者、さらには一攫千金の夢に群がる悪徳商人を味方につけた。日本人の警官は去っていった。その警官の下で働いていた朝鮮の警官が残っただけだ。彼らはひたすら、日本の代わりにアメリカに奉仕を続けたというわけである。こうした警察が、新聞社や労働組合の事務所を襲撃した。

この政治体制を維持するためにアメリカが選んだのが李承晩《イスンマン》であった。次項でこのアメリカのスパイであり続け、南朝鮮に帰国後、アメリカの手先になり下がる男について詳述する。

太平洋戦争（あるいは大東亜戦争）後、敗北した大日本帝国をアメリカは大事に復興した。しかし、勝利者の一員として迎えられるべき朝鮮は無視され、苛酷な政治体制下に置かれた。このことを問い、「なぜか?・」の疑問符に正解を見出せないかぎり、あなたは本当の知者にはなれない。そして、反日の意味も理解しえない。多くの日本の知識人や歴史家と同じように、目が開いているのに盲者となる。彼らのほとんどは幇間《ほうかん》である。たいこもちの妄言に迷わされてはならない。

マコーマックは、当時海軍将校であった男の言葉を本の中で記している。この文章を引用し、次項に移ることにする。

アメリカの宣教団体の後援する学校はたしかに尊重され、軍政庁は婦人の聖書学校《バイブルスクール》に対するありとあらゆる便宜の提供を惜しまなかった。しかし以前の京城帝国大学工学部はがらんどうにされ、そこにバラック建ての病院がつくられて、大学の読書室には野戦用の簡易寝台がぎっしりつめこまれていた。儒教社会で学者を侮辱するのは、外交上の大失策だと私〔引用者註：米海軍将校であった男〕が抗議すると、「グーク（朝鮮人の蔑称）どもに大学など不必要だ！大学などを閉鎖して連中をクーリーにする訓練をしようじゃないか」と、プリンプという名の大佐は反論した。

李承晩を知れば反日思想の原点を知りえる

一九四五年十二月、アメリカ、イギリス、ソ連による外相会議がモスクワで開かれた。ここで朝鮮半島問題が議論された。だが、結論は最初から決定していた。イギリスはこの話し合いから部外者として除外された。政権構成の具体的な話し合いの場は「米ソ合同委員会」に移された。そこでアメリカとソ連は、朝鮮半島を独立させるまでの五年間を連合国の信託統治下に置くという決定をした。

ルーズヴェルト大統領とスターリン首相が秘密裡に進めてきた委任統治による朝鮮半島支配がここに明らかとなった。アメリカが進めてきた「次なる戦争」が五年後に始まる、ということを暗に示している。五年後に向けて、朝鮮戦争の準備にアメリカとソ連は向かうのである。

戦争は偶然には起こりえない。なんらかの偶発的事件が戦争を誘発することは事実である。しかし、偶発事件を引き起こすために莫大な資金が用意されるのである。大きな戦争は、大いなる準備が進められた上になされることを知る必要がある。

この五カ年間の信託統治案を知って南朝鮮の人々は憤然とするのである。あの上海と重慶に臨時政府をつくった金九は、「反託（信託統治反対）」の運動を展開した。この運動に賛成したのは右派の連中だった。朝鮮共産党は「反託」運動に加わっていたが、ソ連の意向を受け入れ、「賛託」に転じた。ここに、南朝鮮の民族解放運動は大きく分裂する。

当初、アメリカは右派を支援したが、やがて彼らが「反託」運動に加わると、右派も左派も弾圧されるようになる。ここで登場したのがアメリカが秘かに用意していた切り札の李承晩であった。民衆の意志は無視された。

李承晩について記す前に、重要な人物について書かねばならない。その人物は朴憲永《パクホニョン》である。一九四五年九月、ソウルで朝鮮共産党が再建された。この党の指導者が朴憲永である。十月、朝鮮共産党北部朝鮮分局が結成されて、金日成《キムイルソン》が人々の前に姿を見せる。彼については後述する。朴憲永も呂運亨、金九とともに新しい政府をソウルに作ろうとする。しかし、内部分裂を繰り返すうちに、朴憲永は北朝鮮に行ってしまう。その原因の一つは、アメリカが朝鮮共産党の弾圧を強めたからである。

李承晩を強力に支持し、指導者に奉《まつ》り上げたのは米軍指揮官ホッジであった。もう一度、『トルーマン回顧録』から引用する。

在鮮の米軍指揮官ジョン・R・ホッジ中将は、ソ連側の指揮官と話し合いの道を開こうと試みたが、その努力はきっぱりと拒絶された。三カ月間占領勤務をやったのち、ホッジ将軍は朝鮮の情勢を統合幕僚長会議に報告し、三十八度線を境界として、北にソ連軍、南に米軍といった具合に二国が占領していることは、健全な経済を樹立し、将来朝鮮の独立を準備するという占領目的達成の上に、不可能な条件を課するものであるといった。南鮮においては、米国は朝鮮を分割したとして非難され、この地にいる米人に対して侮辱が激しくなった。将軍は、朝鮮人は二国が占領していては、自由だとか独立だとかいっても、それは理屈にすぎないことをよく知っている、と報告してきた。彼らは独立を希望し、連合軍が約束に対して熱意がないと考え始めている、とのことであった。ホッジは西洋人の水準からみると、朝鮮人はその独立の準備ができておらず、二国占領が続けられる限り、朝鮮人の自治能力は日々に悪くなっていくことが明らかであると報告した。

朝鮮人は、連合軍の暫定的な統治信託を非常に嫌うので、「もしいま直ちに、または近い将来にそれを課したならば、朝鮮人は実際に反乱を起こすであろう」というのがホッジ将軍の意見であった。

このトルーマン大統領（当時）の文章を読むと、アメリカが何を狙っていたのかが分かるのである。アメリカは「次なる戦争」を仕掛ける準備に入った初期の段階で、「この地にいる米人に対して侮辱が激しくなった」ことを知る。また、信託統治に対して「朝鮮人が反乱を起こす」可能性を知る。しかし、トルーマン大統領はこの「今そこにある危機」への、新しい政策をホッジ将軍に通達しえない。

ここでも私は読者に「なぜか？」という問いを発せざるをえない。トルーマン大統領の後にアイゼンハワーが大統領になる。彼はホワイトハウスを去るとき、「軍産複合体」について警告する。しかし、軍産複合体の上にもう一つ大きな組織があることは語らなかった。

トルーマン大統領はホッジ将軍の提案を記している。

「朝鮮統一のために三十八度線の境界を取り除くこと」

しかし、トルーマン大統領はホッジ将軍の提案を回顧録に記すだけである。歴史は、ホッジ将軍が懸念する以上の悪夢の世界があったことを証明した。解決策が大統領から与えられないのなら、現状を維持するために、ホッジ将軍が選んだ政治家こそ、李氏朝鮮の時代からアメリカのエージェントであり続けた李承晩であった。

ジョン・ガンサー（当時第一線の国際ジャーナリスト）の『マッカーサーの謎』（一九五一年）から引用する。文中、李承晩を七十五歳としているが、一九四五年当時は七十歳である。

李承晩はきわめてすぐれた老年の紳士である。かれは七十五歳になる。かれは今日まで、その全生涯を朝鮮の独立のために捧げてきた。そして、日本の官憲によって投獄されたのち〔引用者註：実際は李氏朝鮮により逮捕された〕、実に三十三年ものあいだ亡命して祖国を離れていたのである。李承晩夫人は、もとフランセス・ドンナーというなまえのウィーン生れの人で、この夫人を毛嫌いしているものは少くない。李承晩のもっている狂信的なところは、その多くが、この夫人の刺激によって生れてきたものと考えられている。李承晩はアメリカで教育を受け、ハーヴァド、プリンストンの両大学に学び、プリンストン在学時代には、ウッドロー・ウィルソンの影響を強くうけている。そして、面白いことには、かれの博士論文は、小国の中立にかんするものであった。かれには数冊の著書があり、その一つに『日本の内幕暴露《ジャパン・インサイド・アウト》』というのがある。かれの前半生を強くつらぬいているものは日本人にたいする憎しみであり、その後半生は、同様、共産主義者にたいする憎悪の念によってつらぬかれている。かれは一九一二年に朝鮮を離れ、一九四五年にいたるまで、一度も帰国していない。その間、かれは、あるいはニューヨーク、あるいはパリ、ジュネーヴ、ホノルルにあって、絶えず、祖国の再生と独立のために活動を続けていた。かれは、いちど、モスクワへも行ったことがあるが、ソ連当局には頭からはねつけられてしまった。

李承晩とホッジとは、はじめのうちは、仲よくやっていたが、やがて、たがいに嫌いあうよ

初代大韓民国大統領・李承晩夫妻。韓国史上初のファーストレディはオーストリア生まれ。

うになってしまった。この誕生したばかりの国で、その首脳部の二人のものが、はげしくいがみあっていたということは、決して、この国の雰囲気をやわらげるゆえんではなかった。

もう一冊、李承晩が登場する本から引用する。アメリカで行動した後の李承晩を描いた、ハルバースタムの『ザ・コールデスト・ウインター朝鮮戦争』である。

一九四五年の朝鮮は事実上、政治制度も固有の指導者層も存在しない国だった。赤軍が席巻した北では、ロシア人が早々にトップダウンで政治制度を押しつけた。金日成を指導者にしたのも同じ手口だった。南では生涯の大半を亡命生活で送った李承晩がアメリカの持ちゴマで、否も応もなかった。李は当時、七十歳。情熱的で自分本位、気分屋、強烈な民族主義者で愛国者、敵意に満ちた反共主義者で共産主義者に劣らぬ専制主義者だった。そう、熱心な民主主義者だったが、自分が自国の議会、官僚機構、その他のすべての民主的機構を握っているかぎりにおいての話で、自分の意思に歯向かうことはだれにも許さなかった。日本とアメリカが李をつくったのだ。生涯にわたる裏切り、投獄、政治亡命、破約の数々がかれを変え、非情にした。李は祖国の厳しい近代史が野心的な若い政治家にきざんだ一つの典型だった。金日成も別の意味で同じ悲劇が残した一つの典型だった。

この二つの本の引用文から、李承晩が一体何ものであったかが、おおよそ分かってくる。次項は北朝鮮の支配者となった金日成を書くこととし、李承晩はその後の主人公として書くことになる。なぜ、かの時、李承晩が南朝鮮の支配者、否、支配者の代理人になったのかを考えると、反日の思想の原点が見えてくるのである。

なお、一つだけ気になることが二つの引用文献にある。それは、「李承晩が日本の官憲に捕えられ獄中にあった」と書いてある点である。真実は、李氏朝鮮の時代、独立協会で暗躍したため逮捕されたが、獄中で転向したということだ。しかし、秘かにアメリカに送られてセオドア・ルーズヴェルトと密会し、日露戦争後の李氏朝鮮の立場が有利になるように交渉したことは、たったの一行も記されていない。その後、アメリカで転向し、エージェントとなり、朝鮮の委任統治案を発表する。反日の旗手となるために、あえて「日帝に逮捕された」という偽りの経歴を後世に残したものと思われる。

アメリカはこの真に好都合の男を大統領に仕上げて、朝鮮戦争を演出し、その揚げ句に彼をして「反米」を「反日」にすり替えるアクションを起こすのである。

■——北の独裁者・金日成登場の舞台裏

北朝鮮について書くことにする。北朝鮮が歴史の舞台に登場したのは、三十八度線で分断支配するというアメリカとソ連の話し合いの結果である。南朝鮮では紆余曲折《うよきょくせつ》を経て、李承晩がアメリカの傀儡《かいらい》政権のトップに就くところまでを描いた。李承晩が実際に大統領になるのは一九四八年であるが、それでは北朝鮮ではどのようにして権力者が登場してきたのかを書くことにする。

朝鮮半島では日韓併合後、いつ頃かははっきりしないが、ある一人の英雄の名前が朝鮮人の間に広まっていた。その英雄は「キム・イルソン将軍」という名で呼ばれていた。キム・イルソン将軍の盛名と行動は一つの神話となっていた。かの伝説を利用した「金日成」と名乗る男が登場して、民衆はその男があまりにも若いので驚いたという。

北朝鮮情勢に詳しい重村智計（早稲田大学教授、元毎日新聞記者）は『北朝鮮データブック』（一九九七年）の中で次のように金日成について書いている。


金日成主席が政治活動当初から金日成の名前を名乗り、抗日パルチザン闘争をしていたことが、その後の研究やソ連側の証言などで確認されている。徐大粛教授によると、当時抗日パルチザン闘争に加わった朝鮮人の中で、金日成主席ほどめざましい活躍をした人物はいなかったという。

ところが、この金日成主席の抗日闘争当時の事実を、北朝鮮は事実以上に誇大に脚色してしまった。別に脚色しなくても、それだけでも十分に英雄的で愛国的闘争であったのに、事実でない部分を付加することで全体の信憑性を損なってしまったのである。


先に引用したハルバースタムの本と重村智計の本とでは、金日成の生いたちが多少異なって書かれている。ここでは重村智計の本を引用することとする。それに重村智計の本がわかりやすく書かれている。

金日成主席は、平壌の西南部にある万景台《マンギョンデ》で一九一二年四月一五日に生まれた。この日は今なお北朝鮮の祝日であり、マスゲームなどの記念行事が行われる。その当時の名前は金成柱《キムソンジュ》であった。父親は、当時の満州（中国東北部）に移り漢方医として働いていたが、一九二六年、三十二歳で死亡した。母親も、夫を探しに満州に移住し、金成柱が二十歳の時に死亡した。生活のため追われるように満州に移住するのは、当時の貧しい朝鮮人の典型的な生活であった。

金日成主席は、回顧録『世紀とともに』の中で、孤児としていかに苦労したかに言及し、父親の親友でキリスト教牧師の孫貞道《ソンジョンド》一家に助けられたことを、詳しく書いている。

金日成主席は中国人の学校に通っていたが、反体制組織に加わったため十七歳で逮捕され、

ソ連に選ばれた指導者・金日成

釈放後、抗日闘争に参加するようになった。この頃から彼は、名前を金日成に変えた。徐教授によると、当時「キム・イルソン」の名前を使った人々の中で、金日成主席以上の働きをした人はいなかったという。（中略）

金日成主席は、一九三二年頃から一九四一年までの約十年間、中国で抗日武装闘争を展開した。この期間には、多くの仲間が寝返ったりスパイが送り込まれたりした。そうした内部の危険を乗り越えながらも、彼の意志は固く変わらなかった。十年もの間、勝利の展望もない中で抗日軍事闘争を続け生き抜いたのは、並大抵のことではなかったであろう。彼は、初志を貫徹し転向しなかった唯一の朝鮮人指導者であった。

その後、彼の上官が日本軍に投降したため身の危険が迫り、ソ連に逃れたのだった。この時ソ連に逃れていなければ彼は捕まるか、死んでいたかもしれない。当時の仲間たちは、満州での闘争で最もつらかったのは、冬の寒さだったと回想している。

古田博司は「朴槿恵、アンタは何様か　否韓三原則では対韓不干渉を貫け」（月刊「WILL」二〇一四年二月号掲載）の中で金日成に触れている。

ちなみに独立戦争といっても、金日成は東北抗日聯軍という中国軍のなかの一将校にすぎなかった。一九三四年から六年間ほど戦い、最後は日本の討伐隊に追われて命からがら極東ソ連領に逃げ込む。唯一の戦勝は普天堡《ふてんほ》の戦いのみ。普天堡という町を取り囲み、材木屋に火を放ち、郵便局に押し入って金を盗み、交番を襲って警官十人を殺して逃げた、というだけのものだが、北朝鮮ではこれを「普天堡大会戦」と呼んで戦跡としている。これでも一応の正統性は担保される。

重村智計は「金日成主席の抗日闘争の成果として、日本の国境守備隊警察を攻撃した普天堡の戦闘がある。この戦闘について、北朝鮮では百人の日本人警官を殺害し、多くを捕虜にしたといわれている。しかし、実際はもっと小さな戦いであったという」と書いている。どうやら古田説が正しいようである。古田博司は次のように書いている。

思想工作の影響を受けた政治家が、朴槿恵政権の内部や野党側には大勢いる。彼らは「北朝鮮は故金日成国家主席が独立戦争を戦った。だから北朝鮮に国家の『正統性』がある」と主張する。「正統性があるのは南北どちらだ？　独立戦争を戦ったから北朝鮮にある！」という解釈である。

歴史を創造する最大の要素はいかに都合よく創り直すかにある。北朝鮮が創り出した反日抗争の神話も結局は、都合よく作られたフィクションにすぎない。人はこれをファンタジーと呼ぶ。この北朝鮮の「正統性論争」は後述する。韓国の「反日論」の重要な論点の一つである。しかし、古田博司や重村智計など少数の学者しか、この点から反日論を論じていない。

■──誰が誰に朝鮮戦争を仕掛けさせたのか

さて、ここで別の角度から金日成を見てみよう。ハルバースタムは『ザ・コールデスト・ウインター朝鮮戦争』で次のように書いている。

金日成は矛盾の塊だった。ソ連という帝国主義大国の創作品にして強烈な民族主義者、日本による植民地化が生んだ民族主義の熱気に沸き立つ男、植民地時代ゆえの献身的な共産主義者、不屈のゲリラ戦士でありながら、そもそもの初めからソ連の政策のほぼ完璧な道具、しかもきわめて忠実な道具となり、ソ連の息のかかった手先にすぎないと見られた。かれは自らを朝鮮民族主義のもっとも純粋な権化と見なしていた。かれが成人を迎えた時代がその人格形成にひと役買ったのは間違いない。金にとり、朝鮮の愛国者、献身的共産主義者とロシア人の道具になることの間には何の矛盾もなかった。

右の文章を読めば、金日成がソ連によって〝作られた人物〟であることが分かる。ソ連はアメリカの意向に添って北朝鮮の支配に乗り出したのである。

ソ連軍は地方人民委員会を当初は承認していた。だが一九四六年に入ると、ソ連は北朝鮮支配のために金日成を指導者とする方針を立てる。南朝鮮では、朴憲永らを中心とする〝古き共産者〟たちがアメリカ軍に協力する一方、地主の権利制限を求めて土地改革案を提出した。しかし、アメリカ軍はこれらの民衆の意志を無視し続けた。

一九四五年九月十一日、エドワード・アーノルド少将が軍政長官になり、十月十日には「軍政府は南朝鮮における唯一の政府である」とアメリカは発表した。人民共和国の成立をアメリカは認めないとしたのだ。

これに対し、南朝鮮の政治家たちは十一月二十日から全国人民委員会代表者大会を開き、人民共和国を守ろうとしたが、アメリカ軍はこの大会そのものを無とすべく弾圧した。一方北朝鮮では、ソ連軍が北朝鮮の行政に統一的管理を行うべく指導に乗り出すのである。アメリカは「次なる戦争」のシナリオがすでに完成していたとみられる。

アメリカは軍政を敷く一方、その軍政を国際社会に認めさせようと、一九四五年十二月の三国外相会議（米・英・ソ）に持ち込んだのである。ここで「米ソ合同委員会」の討議にゆだねられることになり、向こう五年間、朝鮮を連合国の信託統治下に置くと決定した。

朝鮮半島は南北に二分され、しかもアメリカとソ連が五年間信託統治をすることを知った朝鮮の人々、特に南朝鮮の人々の怒りは凄まじかった。臨時政府主席であった金九は反託運動（信託統治反対）を展開した。しかし、米軍はこの信託統治案がソ連から提出されたものであるとの世論操作を行った。アメリカ憎しの声が、ソ連憎しの大音声の前にかき消されていくのである。

この項の最後に金日成に戻り、もう一度、ハルバースタムの本から引用する。

北朝鮮では革命はあった。しかし、それは押しつけられた革命だった。中国や、のちのインドシナでは、植民地的な圧政に対する長く辛い戦いが、やがて人々の支持をえて、革命思想は、みごとにかつ激しく成就した。しかし、朝鮮では、ちがったのだ。そうではなくて、〝革命〟は赤軍のむき出しの武力によってなされ、もろもろの決定はモスクワで下された。金〔日成〕はモスクワにとっておあつらえむきの人物だったのだ。若く、勇敢で、十分に思想教育を施されていた。モスクワのほかに金の後見人はいなかった。そっけない言い方をすれば、大物になれたのはモスクワのおかげである。政治の過去がないのも有利だった——消さなければならない過去も自前の権力基盤もなかった。ある意味で白紙の状態から創作でき、ソ連好みのいかような人物にも造形が可能だった。

この文章を読むと、「金日成が朝鮮戦争を仕掛けた」という説がまるで怪しくなってくる。「ソ連の意向を受けて朝鮮戦争を実行した」というのが真相であることが分かるのである。そのソ連も、アメリカの意向を受けて朝鮮戦争を金日成にやらせるのである。

北朝鮮はこれぐらいにして、また南朝鮮に戻ろう。金日成と同様、李承晩もまた、アメリカ好みの指導者に造形されたのである。大きな戦争は小さな細工を重ねていって、ある程度の必然と偶然を微調整しつつ実行に移されるのである。

アメリカは李承晩を大統領にして朝鮮戦争の演技者とした

在鮮米ソ両軍の司令官たちは一九四六年一月十六日に会合を開いた。ここで北朝鮮と南朝鮮の調和をはかり、将来の統一を目指して交渉することとなった。アメリカ側は南朝鮮の怒れる人々を説得しようとした。すでに完全分離が決定的となっていたが、ジェスチャーだけでも演じる必要があった。アメリカ側はこの会議で最終的に両地域の合併にもっていく道筋を示した。しかし、ソ連側は、この会議では両占領地帯間の小さな調和以外は討議する権限を持たないとした。

アメリカ主導の連合委員会は一九四六年三月、京城で独自に仕事を始めた。朝鮮半島に二つの国家が誕生することになる。ソ連は、この連合委員会の活動を認めなかった。北朝鮮では、朝鮮共産党はモスクワの動向に完全に左右された。南朝鮮でも同様にアメリカ軍政局に完全に支配されたのである。

反託運動に話を戻そう。李承晩も金九も信託統治に反対であった。金九は即時、統一政府を樹立すべきだとした。一方、李承晩は、三十八度線以南だけでも、なるべく早い時期に政府を樹立したいとの意向を表明した。この信託統治の是非をめぐり、李承晩と金九の権力闘争は激しくなっていったのである。

この頃の南朝鮮の状況を視察したアメリカの新聞社「シカゴ・サン」の特派員マーク・ゲインが『ニッポン日記』（一九五一年）の中で次のように記している。

もっとも悲惨なのは朝鮮の形相だ……。ここは一つの戦場だ。ここでは、われわれとソ連との軋轢のために、民衆の人権も生活要求も願望も、すべて犠牲にされている。昨年以来、朝鮮ではいろいろな事件が起こった。しかし、悲劇的にも事態はいささかも改まっていない。われわれの地帯における唯一の自由主義者の呂運亨は暗殺されてしまった。（中略）暴動の数は以前より増えている。昨年〔一九四七年〕の夏と今年の早春には、暴動の波が全国を襲った。今年の暴動は、さなきだに満員の牢獄に新たな八千名の投獄者を送った。ところが、国連派遣団から特赦を示唆してきたとき、ホッジ中将は南朝鮮における政治囚の存在をきっぱり否定した。これは明白に定義の問題だった。

事態は急変していた。ソ連側のボイコットを無視して、国際連合（国連）はソウルに使節団を派遣した。このとき、ソ連側は、問題解決の唯一の道は米ソ両軍の撤退であると固執したのである。アメリカとソ連の水面下での八百長芝居が垣間見える。マーク・ゲインは「モスクワによって提案されたこの外国軍隊の撤退は、まず間違いなく内戦へのシグナルとなるだろう」と書いている。さて、続けて、マーク・ゲインの文章を読んでみよう。朝鮮戦争への道をまっしぐらに進むアメリカの姿をマーク・ゲインは描いているように見える。勿論、彼は朝鮮戦争を予言しているわけではない。

一日ごとに、そして一行動ごとに、米ソ両国は、あの政治的な怪物三八度線を不滅ならしめていく。南北の両地帯にひとたび相拮抗する政権が樹立されれば、もはや内戦は避け難い……。二年前なら米ソの不和の一般的解決が、朝鮮問題をも解決せしめえたかも知れない。が、今ではそうはいかなくなった。朝鮮をふきまくった歴史の嵐は政治的成極《ママ》作用をともなった。ここには中間地帯がのこされていない。李承晩の率いる極端な右翼、そして共産党の率いる極左。

アメリカは極右の李承晩を政権の座に就けようとした。ソ連は金日成という極左を政権の座に就けた。そして、三十八度線という怪物が両者を対峙させる構図が出来上がった。「ここには中間地帯がのこされていない」とマーク・ゲインは未来の動乱を予見している。

一九四六年五月、アメリカとソ連の交渉はついに決裂する。アメリカの実現不可能に近い申し入れをソ連がことごとく拒否するという、やらせ交渉の後に、アメリカは当時圧倒的な支配力を持っていた国際連合に問題を引き渡すことにした。

一九四七年十一月、国際連合は朝鮮委員会を設置した。この委員会が朝鮮全土にわたる選挙を実施し監視する権限を与えられた。しかし、ソ連はこの選挙を拒否したために、選挙は南朝鮮のみで、一九四八年五月十日に施行された。この選挙によって新たに選出された議会は、北朝鮮がいずれ参加する可能性ありとして、北朝鮮の分だけ議席を残した。人口は南朝鮮が北朝鮮の二倍近くあり、南朝鮮に有利な選挙であったがゆえに、当初からアメリカの目論見どおりの〝やらせ選挙〟であった。この新生共和国が誕生して、アメリカがこの国家を承認した。初代大統領には李承晩がなった。

李承晩にもう一度戻ろう。李承晩がいかにアメリカに都合のよいエージェントであったかを、梶村秀樹の『朝鮮史』が教えてくれる。

一方、李承晩らは早くも一九四六年夏ごろから「独立戦取国民大会」を開き、南朝鮮単独政府樹立を公然と主張しはじめた。アメリカはその時期に「左右合作」を経て全朝鮮を掌握する最後の可能性を追求していたが、「一〇月人民抗争」を前にしてそれが挫折すると、もはや北朝鮮を奪回するどころか、南朝鮮に橋頭堡を保つこと自体のために力を集中しなければならないと判断して、反民衆的な分断＝単独選挙路線を推進しはじめる。ただ、「民戦」が依然強い影響力をもつ状況のままで、李承晩らに直ちに政権を委譲しても、とてももたないことは目に見えていたから、一方では左翼・民戦を孤立させて暴力的にたたきながら、中道から右の政治家をできるだけ幅広く軍政府の側にひきつけて、李承晩政権の門出を安泰なものにしてやろうと企て、九月、軍政府内の行政権限を漸次そのような朝鮮人に委譲する方針を打ち出した。

この文章を読むと、アメリカ軍政府は当初から李承晩を南朝鮮に樹立する傀儡政府のトップに据える計画を持っていたことが分かる。呂運亨は利用され、用済みとなり、一九四七年七月十九日、李承晩配下のテロ団により暗殺された。李承晩の最大のライバル、南朝鮮内で隠然たる信望を持っていた政治家を消し去ったアメリカは、朝鮮問題を一気に片付けるために南北分断強要作戦を取っていく。

一九四八年五月十日の「単独選挙」が近づくにつれて、南北朝鮮は大きく揺れ動くのである。次項では済州島動乱を描くことにする。

この項を終えるにあたり、アメリカの政策に触れておく。アメリカは朝鮮半島を三十八度線で分断することで何を狙ったのか。梶村秀樹は「もはや北朝鮮を奪回するどころか」と書いているが、アメリカは最初から北朝鮮を奪回するような行動を一度も起こしてはいない。『トルーマン回顧録』は一度引用した。トルーマンはこの本の中で南北問題について、いろんな問題点を列記している。しかし、北朝鮮を南朝鮮に合併させる政治的、軍事的な方法は皆無である。

私はここまで書いてきて、アメリカは五年の信託統治期間内における工程表をつくっていたと思えてならない。想定通りのことが起こり、想定通りに李承晩を初代の大韓民国大統領にした。彼をして一年ないし、二年以内に朝鮮戦争を勃発させなければならない。アメリカが国務省を中心に朝鮮戦争を具体的に企画し始めるのは、一九四五年以降である。これは次章で書くことになる。

済州島事件の真犯人もアメリカである

韓国最南端の島・済州島《チェジュド》で一九四七年から五四年までの間に二万五千人の島民が犠牲になる事件が起きた。この事件の真相は解明されていない。私は一つの推論をまず書き、それから、この事件を知らない人々に少々の解説をしてみようと思う。

私の推論はこうだ。南朝鮮に大韓民国をつくり、この国の政情を安定させた上で、李承晩を朝鮮戦争という八百長芝居の演技者（演出者ではない）に仕立てて、その勃発を北朝鮮側に演出させるために、アメリカが済州島に軍隊を送らせたというものである。李承晩はアメリカ軍政府の要望に応じないわけにはいかなかった。従って、武器を持った国防警備隊や職業的殺し屋が大量に済州島に送りこまれたと考える。

梶村秀樹の『朝鮮史』から引用する。

「信託統治」問題以来、デマ宣伝によって一時何が何だかわからなくされていた民衆の目にも、再び事態がはっきり見えてきた。統一朝鮮の独立という気持ちをふみにじる彼らの敵が何であるのかはっきりわかってきた。五月一〇日の「単独選挙」期日が近づくにつれ、何よりも分断を決定的にしてしまわないための最後のチャンスという気持から、単独選挙反対闘争は急速にもりあがりをみせた。

もっとも強力な闘争は、南端の済州《チェジュ》島民による四・三人民蜂起であった。

右の文章を読んだだけでも、私の推論が正しいことは理解できるであろう。しかし、アメリカを非難することを固く禁じられている韓国人たちは、この事件を「共産主義者による暴動」と決めつけ、真実に蓋をし続けてきた。この事件で島民への弾圧や虐殺がようやく解明へと進んだのは、歴代の軍事政権から民主政権へと移行した一九八〇年代以降である。それでも「共産主義者の暴動」説が今でさえ語られ続けている。「朝鮮戦争への道まっしぐら」のためと説く者は私一人であろう。

毎日新聞（二〇一三年十月一日付、同月二十二日付）に「海境ニッポン　第一三回『済州島』」が特集されている。第一回分から引用する。事件の概略が記されている。

「四・三事件」の経緯を振り返ってみよう。１９４５年、朝鮮半島は日本の植民統治支配から解放され、独立への道を歩み始めるかに見えたが、北緯38度線以北をソビエト軍が、以南を米軍が管轄する体制が取られた。そのさなかの１９４７年３月１日、済州島で開催された１９年の「三・一独立運動」を記念する式典で、警察による発砲事件が発生。島民６人が死亡、８人が負傷し、島民は抗議のゼネストに入った。

米軍政は半島本土からの応援警察隊などを使って運動の鎮圧に乗り出す。これに対し48年４月３日、朝鮮半島南部に設立された共産主義勢力「南朝鮮労働党（南労党）」が「弾圧には抗争」を主張。当時、米軍政が韓国独立のために進めていた南側単独選挙への反対も訴え、武力闘争に突入した。済州島は軍・警察隊の鎮圧作戦による焦土化と集団虐殺で「灰の島」「死の島」と化した。

文中、「米軍政は半島本土からの応援警察隊などを使って運動の鎮圧に乗り出す」に注目してほしい。米軍政に逆らう人々を万単位で獄に入れるだけでなく、暴力団（西北青年会員等）をアメリカは使うのである。日本の植民地時代の警官もすでにアメリカの配下となっていた。

済州島は山が多く、耕地が少なく、人口密度も高く、朝鮮半島の人々からも差別されていた。そのために日本へ、労働者として植民地時代から多くの人々がやってきた。また、この事件で多くの難民が日本を目指した。

この事件は南朝鮮本土にも大きな影響を及ぼした。国防警備隊第十四連隊は一九四八年十月十九日、済州島民鎮圧を命じられた。しかし、島民は麗水《ヨス》で反乱を起こして人民委員会を組織し、山岳地帯に入りパルチザン闘争に突入する。このパルチザン闘争に多くの南朝鮮の人々が加わり、朝鮮戦争の時にゲリラ活動をするようになっていく。

もう一つ大きな問題が、この済州島事件から見えてくる。この事件で済州島の南朝鮮労働党の指導者の多くが日本に逃れてきた。彼らはもともと、朝鮮で反日運動をしていた人々である。戦後日本の左翼運動の中に彼らの姿を発見できる。

この済州島事件の解明をどのような視点からとらえるかによって、事件はいろんな様相を呈するようになる。韓国には反日があっても、反米はなく（多少はあるが）、反米がタブーとなっている現在、済州島事件は狭義の解明しかできないであろう。歴史は大きな流れの中で解を求めなければその姿をけっして見せない。私は大きな流れの一つとして、朝鮮戦争というファクターを導入し、その面からこの済州島事件を解明しようとしている。済州島事件を解決し、大韓民国をつくったアメリカにとって最後の反乱分子を鎮圧しえたとき、李承晩に朝鮮戦争への道をまっしぐらに進ませることができる。

金九は信託統治反対では李承晩と同意見であった。しかし、南だけの単独政権樹立を主張する李承晩の転向に反対した。金九は韓国独立党の代表として、南北代表会談を呼びかける書簡を北朝鮮に送った。この書簡を受けた金日成は、南北統一を諮る会議を平壌で開催することを提案した。この平壌での会議には、金九の韓国独立党はじめ五十六の政党・団体が集まった。アメリカ軍政庁と李承晩は、この会議を北朝鮮による謀略だとして非難した。こうした中で済州島事件が発生するのである。

一九四八年五月十日、国連の監視下で南朝鮮だけで（済州島を除いて）選挙が実施された。この選挙で百九十八名の国会議員が選出された。憲法制定議会は憲法を公布し、初代大統領に李承晩が選出された。一九四八年八月十五日、大韓民国の樹立となった。北朝鮮では、大韓民国樹立の翌月

連行される済州島民、その後彼らの多くが虐殺された

に朝鮮民主主義人民共和国樹立を宣布（一九四八年九月九日）した。ここに朝鮮半島に二つの国家が、否、分断国家が誕生した。

金九は単独選挙反対闘争を続けた。李承晩は彼の活動を妨害し続けた。ついに李承晩は一九四九年六月に刺客を送り、金九を暗殺した。

分断国家をアメリカが作った。分断された二つの国は憎悪の渦に巻きこまれていくのである。ソ連軍は金日成に国家をプレゼントした後の一九四八年末までに、北朝鮮から撤退した。一方アメリカは一九四九年六月に駐韓米軍を撤退させる。この分断国家からアメリカ軍とソ連軍が撤退した後、朝鮮半島に一触即発の危険な状態がやってくる。

一度、ジョン・ガンサーの『マッカーサーの謎』を引用した。再度引用する。この本が一九五一年に出版されていることを念頭において読んでほしい。

一九四九年一月一日までに、ソ連部隊全部を朝鮮から撤退する旨を突然発表してしまった。この結果、われわれの方としては、苦しい立場におかれることとなった。もし、ソ連の方で撤兵を実行すれば、アメリカとしても、同じく撤兵せざるを得なくなる。が、実際のところ、こうした決定をすることには不安があった。というのは、ソ連が撤兵という大きなばくちを打った理由は、すでに北鮮軍に十分な訓練と装備を施してあるので、ソ連軍が朝鮮に駐留する必要はもはやなくなってしまったからだ、ということは周知の事実だったのである。そこで、アメリカは、あまり手ぎわはよくなかったが、責任を国際連合に転嫁しようとした。しかし、最後には、われわれの方としても、ソ連の先例にしたがって、撤兵する以外に途がなくなってしまった。そして、ソ連の撤兵後六カ月たってから（正確にいうと一九四九年六月二十九日）、南鮮におけるアメリカの軍事施設を解体して、アメリカ部隊は朝鮮を撤退した。これで、アメリカの朝鮮占領は終りをつげたのである。

この右の文章は非常に分かりやすい。ソ連は最新の武器を大量に北朝鮮軍に渡し、兵士を訓練した。一方、アメリカはお粗末な旧式の武器を渡しただけで、兵士の育成をしなかった。そして、ソ連とアメリカは朝鮮半島を出ていく。ここまで書くと、「朝鮮戦争への道まっしぐら」の未来が見えてくる。

なお、ソ連は北朝鮮に軍事使節団を置いていた。アメリカも少数の軍事顧問団をソウルに残留させていた。この米ソの残留軍人たちが背後から北朝鮮と南朝鮮を操って、戦争へと導くのである。

第五章

史上最大の八百長戦争

――延々と続く「朝鮮戦争仕掛人論争」の虚妄

朝鮮戦争はなぜ起きたのか。この問いは朝鮮戦争が休戦状態となった一九五三年頃から多くの知識人によって論んじられてきた。だが、私がここまで書き続けてきた「アメリカがソ連を誘い戦争を仕掛けた」とする説は皆無なのである。

それではこの項でさまざまな学説（？）を紹介することにする。重村智計の『北朝鮮データブック』から、まずは引用する。

日本での「理念学派」による北朝鮮評価の基準は、長い間「一九五〇年の朝鮮戦争は、韓国が始めた」という主張であった。学者や知識人、ジャーナリズムの世界で、この主張はかなりの説得力を持ち続けた。「朝鮮戦争は、北朝鮮が始めた」と発言すれば、一九七〇年代の日本でもなお学界から抹殺されかねない雰囲気があった。

一方、日本の学者や研究者の主張とは反対に、韓国はもとより欧米諸国でも「朝鮮戦争は、北朝鮮が始めた」という理解が一般的であった。

この文章を読むと、最初に南朝鮮が戦争を仕掛けたとする説と、反対に北朝鮮が先に戦争を仕掛けたとする説のみで、朝鮮戦争後二十年以上も延々と論争を繰り返していたことがわかる。南朝鮮が戦争を仕掛けたという説は、I・F・ストーンの『秘史朝鮮戦争』（一九五二年）が基本資料として採用されて以来、疑問の余地のない〝聖典〟となった。松本清張が『日本の黒い霧』（一九七四年）の中でストーン説を採用すると、ストーンそして松本清張の説を学者や知識人たちは疑うことなく自説とした。のちに北朝鮮説を採用する学者たちも、その背後にいるアメリカやソ連の動きまでは追求しなかった。

饗庭孝典とNHK取材班の『NHKスペシャル朝鮮戦争』に「戦争はなぜ起きたのか」の一項目がある。

もしこの戦争でどちらかが決定的に勝っていたら、開戦の事情はとうに明かされていたかもしれない。自分が仕掛けたにしても、勝者の余裕から事実の説明が行われたことも考えられる。ところが、朝鮮戦争に勝者はなかった。それだけに開戦の責任に双方がこだわってきたのである。

しかし、朝鮮半島の南北で「誰が戦争を始めたのか」がこれほどの重みを持つのは、何といってもこの戦争が朝鮮半島の人たちにあまりにも大きな犠牲を強いたことにある。どれだけの人間が死んだか、正確な統計はないが、南北合わせて一五〇〇万から二〇〇〇万の人たちが死亡し、数百万人が負傷し、一〇〇〇万以上の人たちが故郷を失い、山野をさすらったといわれる。

これだけの大規模な戦争を仕掛けた者の正体が分からないというのは理解しえぬことである。また、「三つに大別される戦争起源論」に言及している。（1）北朝鮮が始めたとする論、（2）韓国が計画したとする論、（3）包括的理解論、である。

（1）と（2）はいままでに見てきた。（3）の包括的理解論については、（a）韓国での反動政治対革命運動の図式を重視するものと、（b）北朝鮮での派閥抗争などの影響を重要だとするものがある……というのだが、正直、なんのことだか分からない。

■――ディーン・ラスクが洩らした朝鮮戦争の秘密

しかし、この本の中には、当時アメリカ国務省の極東担当次官補だったディーン・ラスクの証言が載っている。

「朝鮮戦争は国連憲章制定後の最初の組織的な軍事攻撃で、国連制度にとって一つの試練だった。また、戦後われわれが南朝鮮を占領し、韓国の誕生をみたという点で、朝鮮はアメリカにとっても特別な意味を持っていた。同時に自由世界にとって大事な日本への脅威でもあった」

「われわれの朝鮮への介入は効果的だったと思う。北朝鮮の韓国への侵攻を食い止め、現体制を維持し、集団安全保障体制と世界平和の概念にもかなり貢献するところがあったからだ。朝鮮戦争をきっかけに欧州でＮＡＴＯ〔北大西洋条約機構〕が定着し、西側世界に真の意味での防衛機構が樹立された。最も重要なことの一つは、この四五年間一度も核兵器が火を噴くことがなかったということで、朝鮮戦争こそ集団安全保障体制を固めた決定的な要素だったと思う」

ディーン・ラスクは後にケネディ政権で国務長官となる大物である。朝鮮戦争の企画・演出者の一人である。NHKのインタビューに応じたラスクは、朝鮮戦争の秘密を明かしてくれている。「戦後われわれが南朝鮮を占領し、韓国の誕生をみた」と語るのは、朝鮮戦争への準備工作をアメリカがなした、と言っているに等しいのである。また、ラスクは、「われわれの朝鮮への介入は効果的だったと思う」とも語っている。アメリカが南朝鮮を占領し、韓国を誕生させ、朝鮮へ介入し、ついに「北朝鮮の韓国への侵攻を食い止めたのである。朝鮮戦争はアメリカの自作・自演の実験であった」とラスクは語っているではないか。

朝鮮戦争の秘密を洩らした
元国務長官ディーン・ラスク

では、どうして朝鮮戦争が必要だったのか。ラスクは「ＮＡＴＯが定着し、西側世界に真の意味での防衛機構が樹立された」と語っている。この中に大きな秘密が隠されている。

第二次世界大戦が終わった一九四五年八月十五日、すなわち、日本が敗北を迎えた日、世界はどのように変化していくのかをアメリカは模索していた。正確に書くならば、大戦中に、「次なる戦争」を企画していた。原子爆弾を広島と長崎に落とすという実験を敢行した後、アメリカはソ連の要望に応じて、秘密ルートで原爆製造の設計図、原料等を与えた。なぜか？　つねに新しい戦争システムを創造しない限り、アメリカの軍需産業が壊滅する恐れがあるからである。

そこでソ連を援助して強大国に仕立てあげる作戦がとられた。原爆の機密をソ連に渡したのも、大戦末期に大量の武器を無償で渡したのもそのためであった。ソ連が東欧諸国をアメリカとイギリスから与えられたのもそのためであった。アメリカは新しい戦争システムを創造した。それが「冷戦」である。

冷戦を始めるためには「自由主義国家と共産主義国家の対立」という構図が必要となった。そこで考え出されたのがヨーロッパを二分して対立させるという構図であった。ＮＡＴＯという名の組織が考え出された。「ソ連が攻めてくるぞ」が脅し文句となった。ソ連への恐怖心を植えつけるために東洋の辺境が利用された。それが朝鮮戦争というわけである。

私は『20世紀のファウスト』の中で、いかに朝鮮戦争が八百長に満ちたものであったかを具体的に描いた。ここでは別の角度から書いている。アメリカとソ連の軍隊が去った後、すなわち朝鮮戦争の前夜を書くことにしよう。

■——中ソ急接近と戦争の勃発

私はここまで朝鮮戦争の原因について書いてきた。朝鮮戦争は北朝鮮側が始めたのか、南朝鮮側が始めたのかの論争が延々二十年間以上続いたと書いた。この論争に一応の結着がついたのは、ソ連の崩壊によって公文書館の資料が明るみに出たからである。

A・V・トルクノフ（韓国・朝鮮研究者。政治学者、外交官を経てモスクワ国際関係大学学長）の『朝鮮戦争の謎と真実』（二〇〇一年）を一部引用しつつ、朝鮮戦争前夜をこれから書いていく。この朝鮮戦争について記すには、中国と日本について触れないといけないがそれは後述する。ただ一九五〇年二月、毛沢東が訪ソし、スターリンとの間に中ソ友好同盟相互援助条約が調印され、これが朝鮮半島をめぐる情勢に大きな影響を与えた、ということを知ってほしい。簡単に表現すれば、中国が朝鮮戦争に介入する切っ掛けとなったのである。

では、A・V・トルクノフの本から引用する。一九四九年九月十二、十三日の、駐北朝鮮大使のシトゥイコフからスターリン首相への報告書である。本文は長い。ここでは、済州島事件と南朝鮮の経済状況についての報告の一部を記す。

政府によって次のような対策が講じられた。一九四九年三〜四月に行われたパルチザン活動鎮圧においては、警察部隊が派遣されただけでなく、正規軍の精鋭部隊も投入された。済州島には、パルチザン活動鎮圧の指揮を行うために、国防部長官、内務部長官、国務総理、そしてついには軍部隊と警察の行動を査察するために李承晩までもがやって来た。

同島におけるパルチザン活動鎮圧作戦は、事実上、米軍の将校によって指揮された。

戦闘の結果として、両者とも大きな損失を被った。

南朝鮮政府の公式発表によれば、この蜂起の鎮圧時に、一万五〇〇〇名の蜂起者が殺された。われわれの協力者の情報によれば、三万名のパルチザンと平和的市民が殺された。

しかし、李承晩政権によるしかるべき措置にもかかわらず、この闘争は本土では成功をおさめなかった。彼らは済州島においては蜂起を鎮圧することに成功したが、本土においてパルチザン活動はよりいっそう激しくなった。われわれの協力者の情報によれば、現在、二〇〇〇名のパルチザンが活動している。

　金日成は、この二千名のパルチザンが李承晩政権を揺さぶっていると語るのである。南朝鮮に進攻すれば、彼らが攪乱作戦をとり軍組織に大きな損害を与えるとスターリンに報告した。もう一つ、「南朝鮮における経済状況も同様に深刻」とする報告を記す。

　製造業関係の企業の大部分は、電力と原材料の不足のために稼働していない。朝鮮の資本家たちによって買われた企業の多くは閉鎖され、生産設備は売り払われた。常に失業者が増え続けている。

農業生産も年々縮小している。多くの地主は土地改革を恐れ、農民に土地を売却する措置を取っている。農民たちは、資産の欠如のために土地の購入を拒否している。地主さえ、農民が土地を買うことを強制したがり、土地を貸すことは拒否している。こうして、大多数の土地は耕されずに荒れ地のままであり、農民たちといえば飢えに苦しんでいる。

米国側は、南朝鮮政府の権威失墜と不安定さが、広範囲の人民各層に広まっていることを察知していて、南朝鮮政府への支持が集まるような措置を講じている。

朝鮮戦争の前には北朝鮮のほうがはるかに南朝鮮より生活水準が高かった。この関係は戦争後も続いた。だから日本の左翼たちは、南朝鮮をけなし、北朝鮮を賛美し続けたのである。

もう少し読んでみよう。北朝鮮が統一を懸けて南に進攻したいとする気持ちが書かれている。

平和的統一に関する祖国統一民主主義戦線のアピールは、南朝鮮反動勢力によって拒否された。その結果、金日成らの間にどのようにして国家を統一するかといった問題が持ち上がった。人民の圧倒的多数は統一に賛成であり、三八度境界線の解体に賛成であると金日成らは考えている。

米軍が南朝鮮に駐留していた時、人民に向け説明したのは、南朝鮮に駐留している米軍の存在が統一を妨げているということだった。だが現在では、南朝鮮に米軍はいない。つまり、この統一への障害は取り除かれたということだ。人民は、当然のことながら、いったい何が国の統一を妨げているのか、と聞く。南朝鮮においては、反動勢力が民主政府と共産主義者に反対するアジテーションを行い、民主政府と共産主義者こそが国家統一にとって妨げとなっていると宣伝している。

金日成と朴憲永は、状況を考慮しながら、明らかに国家統一が長引くことに責任を負いたくないと考えている。平和的手段による国家統一の可能性が見えないので、金と朴の考えは、南朝鮮政府に対する軍事行動によって統一を達成するという方向に変わった。彼らは、こうした措置に対して、北側同様、南側においても人民の支持を得ることができると考えている。

この報告書を読むと朝鮮戦争勃発の原因がよく理解できるのである。アメリカは委任統治をソ連側とし、三十八度線で朝鮮半島を分断した。そして、南と北に敵対的な政府を樹立させた。憎悪を煽った両国は軍隊を朝鮮半島から引き揚げた。そこで、南も北も統一を叫び、三十八度線で対峙する。朝鮮戦争への道、まっしぐらだ。

国務省を驚愕させた昭和天皇の「シーレーン構想」

この項では昭和天皇と朝鮮戦争の関係について書くことにする。

一九四八年二月末、天皇御用掛の寺崎英成がシーボルトGHQ外交局長を訪ねた。シーボルトは「覚書」をマーシャル国務長官に送った。

寺崎氏は、同氏の考える現実的な政策とは、南朝鮮、日本、琉球（沖縄）、フィリピン、可能ならば台湾を米国の最前線地域として選ぶというものであろうと述べました。同氏は米国の安全保障の境界線が右記の地域を最前線として明確に設定されるならば、東洋における米国の立場が鉄壁のものになるであろうと考えていました。

寺崎氏は可能性として考えられるソ連の侵攻に備え、米国が中国本土を除くこれらの地域の保全のために鋭意努力する様を心に描いているのであり、中国については自らを救う策を演出する同国の才覚として任せるべきであるとの考えでした。右の見解は寺崎氏の個人的見解を示しているにとどまらず、天皇を含む多くの有力な皇族との議論に基づくものと考える理由があります。

これが「昭和天皇のシーレーン構想」といわれるものである。この報告書を読んだ国務省の高官たちは驚いたのである。ジョージ・ケナンとチャールズ・ボーレンを中心にした政策担当者が「限定戦争理論」を計画中だったからだ。

限定戦争を演出するためには、戦闘が一定の場所のみで起こり、その地域以外に拡大しないままに終戦となる必要がある。その限定戦争の戦場としては朝鮮半島が最もふさわしいと指摘されたのが一九四七年に入ってからである。ここで明確に朝鮮戦争の具体的なスケジュールの決定を見たということになった。ケナンは昭和天皇の構想を読み、自分たちの構想と一致していることに驚いたのである。

ケナンのシーレーン構想には南朝鮮は入っていない。ケナンは米軍を南朝鮮から撤退させ、限定戦争、つまり朝鮮戦争を勃発させる構想を立てた。また、ケナンはこの限定戦争がアメリカ経済に与える影響も調査した。朝鮮半島において限定戦争をするということは、アメリカとソ連が完全に確認しあうことが必要となる。ソ連はアメリカに多額の借金をしていた。この帳消しのためにアメリカの条件をのまざるを得なかった。それに、この戦争はソ連にとっても好都合の面が多かった。

一九五〇年一月十二日、ディーン・アチソン国務長官はナショナル・プレス・クラブで演説した。

「中国大陸から台湾への侵攻があっても、台湾防衛のためにアメリカが介入することはない。アメリカのアジア地域での防衛線には南朝鮮は含めない」

この演説での「南朝鮮は含めない」とはケナンの構想だった。アチソンは金日成をけしかけたのである。「金日成よ、どうぞ南朝鮮へ侵攻しなさい。アメリカは手を出さないからご安心を」。かくて、金日成は南朝鮮へと侵攻することになる。

かくて北朝鮮軍は韓国に侵攻した

ディーン・ラスクについては三十八度線の決定過程での功績を高く評価されたと書いた。その功績により、彼は極東担当国務次官補になっていた。対日講和条約の責任者となったジョン・フォスター・ダレスに朝鮮戦争を想定した資料を渡し、朝鮮を訪問するよう求めた。ダレスは一九五〇年六月十四日、南朝鮮の議会で演説した。朝鮮戦争勃発の十日前である。

「……諸君は孤立してはいない。諸君が人間の自由の偉大なデザインにおいて、ふさわしい役割を演じ続ける限り、諸君は決して孤立しないだろう」

南朝鮮（韓国）の国会議員たちはダレスの演説を理解できなかった。ダレスは危機の渦中にある南朝鮮を救う用意がアメリカにあるとは決して言わなかった。彼は、北朝鮮に南朝鮮を侵攻させるために、アメリカが南朝鮮に手助けすると明言しないために訪韓したのである。ダレスは「世界一危険な男」といわれていた。彼は第二次大戦中は、ナチス帝国のための経済援助をアメリカを代表して推進した男である。

このダレスの韓国訪問を知って、ソ連のヴィシンスキー外相は名言を吐いた。

「ダレスはすみれの花を摘むために韓国に来たのではあるまい」

まさに「世界で一番危険な男」ダレスは、すみれの花を摘み取るために韓国に来たのである。ダレスが来てから朝鮮全土ですみれの花はほとんど枯れてしまい、そこはまさしく荒野となってしまったのだ。

もう一度、A・V・トルクノフの『朝鮮戦争の謎と真実』から引用する。一九五〇年六月十五日のシトゥイコフ・ソ連大使によるモスクワへの報告書である。

……六月二五日早朝に進攻を開始する。はじめに朝鮮人民軍の兵団と部隊が甕津半島を攻撃し、その後南朝鮮西側沿岸を進み、総攻撃を加える。さらにソウルが占領され、漢江が支配下におかれる。同時に東部地域では北朝鮮軍が春川市、江陵市を解放する。結果として敵の主要部隊はソウル地区で包囲され壊滅されることであろう。作戦の最終段階では、南朝鮮のその他の地区は敵側残存部隊の壊滅と都市・港湾の奪取により解放される。

この報告書の通り、一気に南朝鮮は北朝鮮に占領され、京城から軍隊も政治家も南へと逃亡していく。

ジョン・トーランドの『勝利なき戦い・朝鮮戦争』（一九九七年）から引用する。

三十八度線沿いに、散発的ながら激しい雨が夜半まで降り続いた。長い前線はすべて静かだった。ただ数キロ北方で、不可解な唸り音がかすかに上がり、トラックと戦車の群れが最終攻撃開始地点へゆっくりと進み寄っていた。金日成の七個師団は、三十八度線の縁《へり》へのひそかな移動を首尾よく終え、同時に、装甲した一個旅団、独立の歩兵一個連隊、オートバイ一個連隊、国境整備隊も境界線に達していた。

朝鮮戦争が八百長戦争であったことを、少しは読者は知りえたであろうか。一九九一年に出版された『ＮＨＫスペシャル朝鮮戦争』は一度引用した。ディーン・ラスクの証言を引用した。そのとき、老いたラスクは朝鮮戦争の真実を語ったのである。

「しかし重要なことは、国務省の反対にもかかわらずトルーマン大統領が朝鮮から軍を撤退させるという統合参謀本部の決定に同意してしまったことだ。これが北朝鮮に、南に侵攻してもアメリカは何もしないだろうと思わせてしまったようだ。だが、いったん戦争が始まると、トルーマンは日本にいたアメリカ軍を朝鮮に送り込んだ。北朝鮮はソウル占領後、恐らくモスクワ・北京との政治的打ち合わせのためであろうが、一〇日ほど攻撃を控えた。もし、北朝鮮がそのまま南に侵攻していたら、アメリカは朝鮮の軍備を固める間がなく、彼らは朝鮮全土を占領することができたであろう」

ラスクは「限定戦争」論が実行に移されたがゆえに戦争は三年間続いた、と語っているのだ。アメリカとソ連が共同で、この戦争を続けるために努力したと書いているのである。

メカケ国家・韓国の「不都合な歴史は抹殺せよ」

メカケという言葉は差別語であり、この言葉の採用は慎まなければいけないことは、十分承知している。しかし、差別をなくすためには、差別用語を隠してしまうのではなく、あえて、その言葉を追放しないで、より追究すべきではないかと考えている。一人の女性の経歴を問う形でメカケという言葉を使用すれば、その女性を差別したことになる。しかし、集合体という立場から、この言葉を使用し、「メカケ国家」という造語を私は採用する。

児島襄の『朝鮮戦争（3）』（一九七七年）から、まずは引用する。

韓国側の発表によれば、朝鮮戦争における人命被害は、約八十四万四千人の韓国軍将兵だけにとどまらない。

戦乱で死亡した者二十四万五千人、負傷二十三万人、北朝鮮に虐殺された者十二万九千人、行方不明三十万三千人、計九十万七千人の市民が被害をうけた。ほかに、北朝鮮に強制拉致された市民が八万五千人、北朝鮮軍に強制徴募された市民四十万人が数えられ、戦争で発生した難民、孤児、未亡人の数は二百三十九万五千人に達した、という。

韓国の場合、戦禍はほぼ全土におよび、五十二万四千戸の民家が焼かれたのをはじめ、鉄道、橋梁、道路、電気、通信その他社会産業施設の多くは、文字どおり焼き尽された。

首都ソウルは、四回にわたって彼我の占領、奪回がくり返され、主な建物は徹底的に破壊された。

市民たちは、戦火の中にひたすら生きのびる途を探しつづけたが、それは容易なことではなかった。中朝軍が進出してきた場合に、生きるために協力すれば、次に国連軍があらわれると対敵協力者とみなされ、国連軍に歓迎の旗をふれば、その次に来る中朝軍に処断されかねない……のである。

撤退する国連軍の後を追い、雪原で寒夜をすごす市民の群や、あるいは橋の手前や途中で橋を爆破されて取り残される市民たちの姿が、その間の事情を告げている。

この韓国の事情は、北朝鮮にも共通しているはずである。

二〇一三年に刊行されたオリバー・ストーンとピーター・カズニックの『オリバー・ストーンが

破壊された橋を渡って避難する韓国民

語るもうひとつのアメリカ史（2）』では「朝鮮戦争では、韓国の総人口三〇〇〇〇万人のうち、三〇〇万人から四〇〇万人が死亡し、同時に一〇〇万人の中国人と三万七〇〇〇人のアメリカ人が亡くなっている」と書かれている。

これほどの被害を受けた韓国の人々が、どうして「反米」ではないのだろうかと私は考え続けたのである。

精神分析学者岸田秀は「日本はペリーにより開港を迫られ、強姦されて開港した。この強姦は和姦となった」という説を世に出した。しかし、ペリーは人殺しをしたわけではない。アメリカが仕掛けた朝鮮戦争では、数百万単位の人々が殺されたのである。私は、韓国がなぜ反米ではないのかと問うことから、この本を書き始めたのである。

私はこの本を書こうと決心したとき、かつて読んだ一冊の本を思い出して再読した。そして、この謎の一部が解けるのを知りえたのである。

ジャーナリスト上原善広は自ら告白しているが被差別部落出身者である。その彼が韓国に渡り、韓国の被差別民「白丁《ビャクチョン》」を捜す本が『コリアン部落』（二〇〇六年）である。上原善広は韓国人作家・鄭棟柱《チョンドンジュ》と会談している。以下は鄭氏の談話である。

「韓国における白丁の問題を理解する上で、一番重要となるのが南北の戦争だ。白丁村がなくなったのは、解放運動の成果でも、国民の差別してきたことによる反省からでもない。

戦争当時、一千万ちかくの人々が南へ避難してきて混乱の極みにあった。仕事もないので、多くの人が白丁でなくても牛を屠畜して食べたり、そうした仕事もするようになったと考えられる。混乱の中、白丁層は住む場所や仕事も変えざるを得なくなり、こうした変動もあって部落は消滅した。しかしまあ、そうはいってもだいたいの白丁層は、そのまま元の仕事についたと考えられているが」

右の文章を読むと、朝鮮戦争が韓国の人々の生活を大きく変えたことが分かるのである。さて、鄭氏はまた次のように語っている。

「それともう一つ言いたいのは、韓国人の意識としては、自分たちに都合の悪い歴史は忘れようとする傾向があるんだ。日本とは逆だが。韓国はとても祖先を大事にするのだが、祖先を大事に思うからこそ、そのへんを歪曲してなくしてしまおうとするんだな。

白丁の場合、以前は族譜について持つことを許されなかった。現在では白丁に限らず、みんな偽造された物を買って持っている。韓国民はみんなそうなんだよ。もともと名家の人以外は必要としていなかったからね。わたしの姓の鄭《チョン》だって、晋州地域では名家とされているが、そんなのは全部一九五〇年以降に勝手に作られたものだよ。みんなウソばかりついてるのさ」

文中、「そんなのは全部一九五〇年以降に勝手に作られたものだよ」に注目したい。一九五〇年代以降とは、朝鮮戦争以降ということである。

一九四五年からアメリカの支配を受けた韓国はアメリカに抵抗し続けた。この歴史を私はある程度書いてきた。そして、朝鮮戦争で大激変した。そこで韓国民は、「自分たちに都合の悪い歴史」を忘れようとして生きてきた。だから彼らは偽物の家系図を手に入れて、誇り高い族譜を持つ一族であると主張した。それを鄭氏は「みんな偽造された物を買って持っている」と言うのである。

この考え方からいくと、「反米」思想も消えてしまう。反米思想を持ち続けることは、一九五〇年以降を生きぬくためには不都合な歴史だから抹殺してしまったのである。ただ、それでは歴史のない国家となってしまう。そこで「反日」思想を創り出したというわけである。その歴史の改竄《かいざん》のために反日教育が生まれてきたというわけである。

上原善広は、清美と名乗る韓国人女性とベトナムのハノイで出会う。一つのエピソードが書かれている。

バスがハノイから出るころになると、わたしと清美の仲はあまり良くなかった。清美はことあるごとに日本人は日本人はと、よく愚痴をこぼした。

「朝鮮戦争も日本人のせいで起こったのよ」

「しかし、あれは南北朝鮮と、米ソのイデオロギーの対立が原因だろ」

「いいえ、日本が武器を供給したからあそこまでひどくなったのよ。今の日本の繁栄は朝鮮戦争があったからよ」

歴史は見事にすり替えられている。たしかに日本はアメリカに協力し、朝鮮特需で繁栄への道を歩み始めた。しかし、「日本が武器を供給したから」とはあまりにも史実からかけ離れていると言わざるをえない。韓国で発行される日韓問題を論じた専門書でも、朝鮮戦争はほとんど書かれていない。これもまた、歴史の改竄ではないのか。

日本はこうして幇間国家に成り下がった

幇間《ほうかん》とは、たいこもち、男芸者のことである。幇間国家とは、男芸者が旦那《だんな》をヨイショする国家をいう。旦那とはどこの国なのか。勿論、アメリカである。アメリカはどんな国なのか。覇権主義をマニフェスト・ディスティニー（明白なる使命）とする国家である。

日本は太平洋戦争に敗北し、国家の命運をアメリカに一任したとき、メカケ国家となった。そして朝鮮戦争を迎えるあたりから、メカケ国家から幇間国家へと変わった。アメリカが朝鮮戦争の背後基地として日本を利用するために、幇間国家へと育てられたのである。メカケ国家は旦那であるアメリカの援助を受け、忍従しなければならない。そのよき例を韓国にみた。幇間国家はなによりもメカケ国家とちがい、旦那をヨイショし、貢ぐべきときには貢ぎ、一方で儲けさせてもらう国家である。

アメリカは日本と韓国を戦後から区分して処置しようとした。ギャヴァン・マコーマックは『侵略の舞台裏』の中で次のように書いている。

日本に対するアメリカの占領が比較的寛大なものであったのにたいし、同じアメリカによる一九四五年の朝鮮分断とそれによってもたらされたこの国のその後の運命は苛酷で不当なものであったということである。侵略の犠牲者である朝鮮は分断され、逆に、侵略を犯した日本は分断をまぬがれたばかりか、政治体制並びに官僚機構の連続性さえが保障された。それ以後、冷戦の展開のなかで、両国の戦略的地位の相違は、両国における「解放」の意味の違いを更に深化させていった。実際に日本に降りかかったかもしれないし、また一九四五年当時、世界中の多くの人びとが、戦後の日本に降りかかって然るべきだと考えた運命は、日本の上にではなく、朝鮮の上に降りかかったのである。

私たち日本人は、戦後日本がどのような国家となったのかを、他国、特に韓国と比較して検討することをしない。私は戦後史を数多く、否、ほとんど読んできたが、残念というべきか、そういう本を読んだことがない。続けてマコーマックの本を読んでみよう。

日本は朝鮮戦争において、巨大な規模の間接的役割のみならず直接的に重要な軍事的役割を果したということである。日本は戦闘司令部の所在地であり、供給、通信、兵站の中心地であり、そして米軍（国連軍）将兵の休息と娯楽の場所であった。しかしそれのみではない。非常に微妙で極秘の軍事作戦にも直接関与したのである。このことはあまりに微妙で差し障りのある問題だったため、二五年以上もの間秘密にされてきた。一九五〇年一〇月、もと日本帝国海軍将校たちは北朝鮮の海域に出動を命ぜられ、そこで港湾に敷設された機雷を除去するための特別掃海隊の指揮に当たっていた。北朝鮮の守備を破壊し、北朝鮮軍の敗北を促すためであって、この軍事行動は日本が強制されることなく自発的に行なったものであり、占領当局からの命令によるものではなかった。日本政府がねらった政治的な目的はアメリカと有利な平和条約を締結することであった。北朝鮮の領域で行なわれたこの軍事行動は、サンフランシスコ講和条約とそれにつづく一九五一年の日米安保条約の締結に大きな影響を与えた。この条約を通じて日本は、アジアにおけるアメリカの戦争に（必要とあれば世界の戦争に）、積極的に協力するという意志を表明したのであった。日本はアジアにおける「自由世界」の作戦基地となることによって利益を手にしたが、しかしその代価はアジアからの疎外であっただろう。

日本が朝鮮戦争に積極的に参加した例は枚挙しきれないほどである。「マッカーサーの奇跡の作戦」と称される仁川上陸作戦にも積極的に参加している。

私たち日本人は朝鮮戦争の「特需」によって、戦後の不況と貧困から脱出できたのである。日産、トヨタ、いすゞ、小松製作所、その他の企業の多くが、戦場から送られてくる戦車の修理などにより莫大な利益を上げて大企業となっていったことを忘れてはならない。軍服、セメント、爆薬、ナパーム弾などの軍需品の生産でドルを獲得できた。あのパチンコ産業でさえ、朝鮮戦争に使われた鉄製の玉の後処理の中から誕生したのである。

なによりも大きな変化の一つは、朝鮮戦争後に、在日朝鮮人への差別意識が強まったことである。この意識の変化が今日の韓国・朝鮮人に対する蔑視に結びついている。それをほとんどの日本人は気づいていない。韓国・朝鮮人の悲しみが、同時に日本人の歓びとなったのではないのか。『NHKスペシャル朝鮮戦争』からもう一度引用する。文中、カミングス教授とは、朝鮮史家である。

カミングス教授の次の言葉は大方の日本人の死角に入ってしまっているものを指摘しているように思える。

「ある日、私のクラスの生徒が手を上げて、どうして朝鮮は一九四五年に分割されたのか、なぜ日本はドイツのように分割されなかったのか、と質問した。私はたいていの場合、生徒の質問にはすぐに答えられるのだが、そのときは言葉を失ってしまった。なぜなら、アメリカ人として、第二次世界大戦で日本と戦った国の人間として考えると、その方が〝正当な〟解決策であったのだ。日本人はこんなことを聞きたくはないと思うが、朝鮮よりも日本を分割する方が正当な処置であったはずだ」

私はこの問いへの答えを延々と書いてきたのである。アメリカは「次なる戦争」のために、「次なる戦争」を朝鮮半島と決めていたために、フランクリン・ルーズヴェルト大統領の時代から計画を少しずつ実行に移してきたのである。

小此木政夫の『朝鮮戦争』（一九八六年）を読むと、「韓国はいつでも捨てるべき国家であり、日本は大事に守らなければならない国家である」と、アメリカ国務省の高官が発言しているのが目につくのである。

たとえばディーン・アチソン国務長官（朝鮮問題、日本との講和条約担当）は「日本は米国にとってきわめて重要であり、われわれは日本における米国の利益に敵対する政権が朝鮮を支配するのを許すことができぬ」と発言している。また、ジョーゼフ・コリンズ陸軍参謀総長は「ソ連がウラジオストックとその反対側（旅順）に拠点を保持している間、朝鮮には少しの価値もない」と主張している。また、アチソンは「現行の指令のもとで、日本の防衛が第一義的に重要であるのに、第三師団がなぜ朝鮮に投入されたのか理解できない」との疑問を呈している。

これら国務省や統合参謀本部の高官の考えは、一九五〇年暮れに、中国軍が朝鮮半島に進攻してきて、南朝鮮が敗北しかかった時期のものである。司令官マッカーサーも、南朝鮮を見捨てて、アメリカ軍を日本に撤退させるプランを考えていた頃である。戦争が朝鮮半島で始まり、軍産複合体に大きな利益がもたらされ、戦線が中国とソ連の国境に近づいた以上、これ以上進攻はできない。従って、南朝鮮が敗北し消えてしまおうと一向に構わないというのがアメリカの思想であった。

これが、昭和天皇が考えた、そしてジョージ・ケナンが創り上げた「限定戦争」の真相だった。朝鮮半島が北朝鮮の支配下に一時的に入ろうとも、南朝鮮が消えようとも、アメリカは大した実害を受けることはない。また、「次なる戦争」を仕掛ければいいことではないか、というわけである。メカケ国家はメカケ国家であるとする、アメリカの傲慢な思想が見えるのである。

幇間国家・日本は確かに繁栄の道を歩き始めた。そして、幇間国家であることを誇りとするようにさえなった。メカケ国家・韓国は壊滅の中でよたよたとしていた。

朝鮮戦争は、アメリカとソ連が中国を巻き込んで繰り広げた限定戦争であり、代理戦争であった。三十八度線で分断されたがゆえに、戦争で別れ別れになった離散家族が一千万人もいるといわれている。アメリカが演出したために、朝鮮半島では同族が殺しあい、憎悪の感情を持てとアメリカが教えてきたのだ。この憎悪の情を、「反米」から「反日」へとアメリカがメカケ国家を動かしていくのである。

思考停止・日本は「アメリカに愛されるためなら何でもする」

私は心的外傷後ストレス障害（ＰＴＳＤ）についてはすでに書いた。ディビッド・マス『トラウマ』（一九九六年）から引用する。

戦場は、肉体的にも精神的にも、つねにきわめて高いリスクと共存している場である。戦いの恐怖は、戦争が終わったといっても、簡単に消え去るものではない。兵士でも一般人でも、いったん戦争に巻き込まれた人は、生涯にわたって戦争の影響を受ける。きわめて多くの人がＰＴＳＤに苦しんだに違いない。歴史上いつの時点でも、ＰＴＳＤの患者はいたはずだが、ただ確認されていないだけである。

戦争が市民生活に影響を与えるのはあきらかだが、それがどのくらいすごいものか、戦争中にはわからない。戦争が終わってから、おもむろに慄然と、その姿を現すのだ。

ウィリアム・ストゥークは『朝鮮戦争』の中で「朝鮮民族自身が敗者であった」と書いている。少し長い文章だが引用したい。私は朝鮮戦争の真実を知るのにこれ以上の文章を知らない。

錯綜した、論争を呼ぶ主題の中で考えられる最も無難な主張は、少なくとも短期的に見た場合、他でもない朝鮮民族自身が敗者であったということである。世界の他の地域における戦争は、地理的に見ても、使用された兵器の面から見ても、限定戦争であったが、朝鮮民族にとっては、学者の李在鎮《イチェジン》が述べているように、「その野蛮な破壊性と広範囲に及んだ結果において、『全面戦争』」であった。歴史学者カミングズ《ママ》はつぎのように述べている。

一九五三年、廃墟と化した朝鮮半島は煙でくすぶっていた。南の釜山《プサン》から北の新義州《シニジュ》のいたるところで、朝鮮民族は死者を埋葬し、行方不明者を悼み、自分たちの生活に必要な砕け散った残り物をかき集めていた。首都のソウルでは、虚ろになった建物が、コンクリートの塊と砲弾の破片が奇妙に混じったもので舗装された街路に沿って、まるで骸骨のように立っていた。北郊外の米軍野営地では、外国人兵士が放り投げるごみを漁るため大勢の乞食が待っていた。北朝鮮には、立っている近代的建物はほとんどなかった。平壌《ピョンヤン》その他の都市は煉瓦と灰の山となり、工場はもぬけの殻と化し、巨大ダムには水がなかった。洞穴と壕の中でのもぐらのような生活から地上に這い出た人々は、真っ昼間に悪夢を見る思いをしたに違いない。

これが地獄でなくて何なのか。一九五三年、休戦となった年である。終戦ではない。ストゥークは続いて朝鮮半島の悲劇を書いている。引用を続けるのは安易な書き方だといわれるかもしれない。しかし、次の文章を是非読んでほしい。勝者はアメリカ、そして敗者は南北朝鮮の人々である。

戦死者、負傷者、行方不明者となった朝鮮半島の住民の数は約三〇〇万に達し、全人口の一〇分の一を占めた。そのうえ、一〇〇〇万人の人々が離散家族となり、五〇〇万人が避難民になった。財産の損失は、北朝鮮が一〇億七〇〇〇万ドル、韓国が二〇億ドルで、これは一九四九年の国民総生産に匹敵する数字である。北朝鮮は約八七〇〇の工場設備を失い、韓国はその倍を失った。南北各々で六〇万戸の家屋が破壊された。悲劇を大きくしているのは、朝鮮半島が依然として分離状態にあるという事実であり、予見できる将来、それが変わる見通しがほとんどないということである。

朝鮮戦争はいまだ終わってはいない。朝日新聞（二〇一一年七月五日付）に「遺骨収集時間の壁、朝鮮戦争未収集一三万柱」との記事が出ている。その記事を引用する。

韓国政府は朝鮮戦争開戦50年の2000年になって、やっと戦死者の遺骨収集に乗り出した。「それまでは戦死者に配慮する社会の雰囲気ができていなかった」(軍関係者)という。部隊記録や生存者、住民の証言などを頼りに発掘を進めた。次々に遺骨が見つかり、当初3年の予定は、延長された。

国防省は07年、専任の遺骨発掘鑑識団を設け、本格収集に取り組み始めた。00年から今年6月20日までに見つかった遺骨は、計5376人分。大半が鑑識団の発足後だ。

ソウル全市が熾烈な市街戦の戦場となった

だが、身元が確認されたのはわずか64体。

朝鮮戦争の時の十三万ほどに上る遺骨は今日でもほとんど土の中に埋まっている。

朝鮮戦争の休戦交渉は難航した。その最大の難問は「捕虜の送還」であった。中国と北朝鮮側は「全員の送還」を要求した。アメリカ側には、北朝鮮人民軍十一万二千人、中国人民志願兵二万八百人がいた。中国・北朝鮮側にはアメリカ人とイギリス人の捕虜が四四一七人、韓国人の捕虜が七一四二人いた。

ここで、中国人民志願軍の捕虜一万四千数百人のうち帰国を申請したのは四四〇人であり、一二人が中立国へ行くことを申請したという。

「月刊中国」（発行人・鳴霞《めいか》、二〇一三年一月号）によると、辛酸をなめて帰国してきた戦争捕虜を、中共は「同志」としては扱わずに「裏切り者とみなした」という。アメリカでは、「捕虜になったこと」が問題とされることはなかった。朝鮮戦争で死んだアメリカ兵の死者は日本に運ばれ、日本人業者が丁寧に防腐処理をほどこし、木箱に入れられて本国に送還された。そのアメリカにとっては、北朝鮮の死者であれ、南朝鮮の死者であれ、一つの物体にすぎなかったのである。

韓国には絶対に越えられない、また逃れられない、アメリカという大きな壁が立ちはだかっている。だから私はこの国をメカケ国家と呼んだ。しかし、日本もまた、アメリカという国家は、絶対に失ってはいけないものとして心の奥深くにイメージされている。

朝日新聞（二〇一二年十二月三十一日付）で、社会学者大澤真幸は「二〇一三、不可能性の時代を生きる」の中で次のように述べている。「アメリカに愛されるためなら何でもやるという思考停止を生んでいる」と。

この思考停止が幇間国家・日本を創り出したのである。朝鮮戦争後の朝鮮半島の惨情を前にして思考停止しているのも、アメリカに愛されたいからの一心がもたらしたものである。大澤真幸の次の発言は説得力がある。

「政治が本来やるべきことは、人に思考停止させないことです。人間はね、やっぱり『不可能だ』と言っちゃだめなんですよ。『道はある』という感じを持つと、人の思考は回転し始めるのですから、特に政治家は、根拠がなくても『不可能は可能になる』と言ってのけるある種の勇気と、それを人々に信じさせる言葉の力を持たなければなりません」

私は韓国の反日を解く鍵があると信じて、この本を書いている。私は一つの鍵としてアメリカの対朝鮮政策を読者に説明した。なぜ、韓国はアメリカのメカケ国家になったのかを書いた。しかし、どこか、何かが足りないのである。私は「思考停止」の状態に韓国も日本も陥っていることに気づいた。大澤真幸の次の発言がそのヒントになりそうだ。

「現実主義だ、リアリズムだと言って、可能なことだけを追求するというのは単に、船が沈むのを座して待つということにしかなりません。みんなが可能なことしか求めなかったら、可能なことしか起きないじゃないですか。沈まない別の船を求めるのならば、不可能なこと、現時点ではあり得ないようなことを要求する方がむしろ現実的です。歴史的には何度も不可能だったはずのことが起きている。それは不可能なことを求める人がいたからに他なりません」

私は不可能を可能にするマジックに次章から挑戦していく。まずは、朝鮮民族の心の遍歴を知るという旅に出る。そこから反日の実像に迫っていく。彼らは何を、どのように考えているのか。私たち日本人が彼らの心を理解する可能性を探ることにする。

第六章

「反日無罪」を叫ぶ韓国人の中に「恨」を見よ

劇場国家・日本の言霊信仰

朝鮮戦争がいかに八百長工作によって演出されたものであるかを記す前に、日本人がどうして、朝鮮戦争の八百長工作に対し、沈黙を守り通しているのかを記すことにしよう。

日本の学者たちによる朝鮮戦争の本はたくさん出版されている。ここにいちいち取り上げることはしないが、八百長工作について記した本は皆無である。また、朝鮮戦争が勃発した時期の研究もほとんどなされていない。

まずは、この不思議な出来事について記すことにする。

政治学者・矢野暢の『劇場国家日本』（一九八二年）に、表題の「劇場国家日本」なる表現が登場する。劇場国家という言葉も言いえて妙である。彼は次のように書いている。

日本では、さまざまな価値や理念を外から運んできたひとでも、日本人の考え方にそぐわない解釈をしたひとは、たとえ文化伝達のだいじな役目を果たしたひとであっても殺される。本来の、正統的なイデオロギーの原像はどうでもよいのであって、要するに日本型の正統理論をつくればよいのである。その意味で日本型《劇場国家》における政治価値導入の第一の特徴は、シナリオは日本化され、変容するということである。極端なばあい、本来正統的なものが非正統化され、日本固有の、日本でしか通用しない正統理論がいつしか形成されることもある。

矢野暢の「劇場国家」理論は、現在、全くといっていいほどに無視されている。反韓論の類の本は書店に氾濫しているが、どれ一冊として、朝鮮戦争を通して、反韓論を記しているものはない。それは、異学と正学の関係を日本の識者が大切にしているからに他ならない。世にいう「寛政異学の禁」なるものが松平定信により、寛政二年（一七九〇年）五月に出された。朱子学以外は異学として禁じたのであった。

そして、平成の時代、「平成異学の禁」が出現した。反韓論以外は韓国論にあらず、というわけである。反韓論の本を読めば、すべてがほぼ同一の枠の中で書かれていることが分かる。――日本がいかに韓国のために尽力したか。それにもかかわらず韓国は日本の恩を忘れている。よって、ケシカラン――というわけである。

要するに、反韓論を説く識者たちは、知らず知らず、官学の族《やから》となっている。だから彼ら族は日本的な、あまりにも日本的な言論抑圧の手段に訴えるのである。「反韓論以外の韓国論の存在は赦《ゆる》すまじ」というわけである。

そういう族は、一度たりとも、私のようには朝鮮戦争を通じて韓国を見ない。「なぜか?」。めんどうくさいことは避けて通るという「日本流正学」の信奉者であるからだ。

私は「反韓論」の類は、日本人特有の言霊《ことだま》信仰から来ていると思っている。特別の宗教意識も、哲学的考察をすることもなく、仮想敵国の韓国を相手に教義問答をしているようなものだ。

話は長くなった。朝鮮戦争について再び書くことにしよう。

ソ連にすべて内通されていた機密情報

韓国をより深く、日本をより深く知るためには、どうしても避けては通れないことがある。実験国家アメリカによる八百長工作である。まずは、ウィリアム・マンチェスターの『ダグラス・マッカーサー』（一九八五年）から引用する。

しかし、今度は、マッカーサーがそんな疑惑を抱いたのも正当だったかもしれない。この秋、アメリカのイギリス大使館の一等書記官は、H・A・R・「キム」・フィルビーで、二等書記官はガイ・バージェスだった。そして、イギリス外務省のアメリカ課長をしていたのはドナルド・マクリーンである。イギリス連邦軍も朝鮮戦争に参戦していたので、ペンタゴンと第一生命ビルとのあいだでやりとりされる電文のすべての写しが、マサチューセッツ通りのイギリス大使館とホワイトホールのアメリカ局を経由してアトリー政府に送られていた。フィルビーとバージェスは秘密会の国連軍参戦国連絡会議に出席していたし、フィルビーはCIAとイギリスの秘密情報局の連絡担当者でもあった。そして、この三人がソ連のスパイだったというのは、ショッキングな事実だった。一九五一年五月二十五日、イギリス外務省の諜報機関MI5とスコットランド・ヤードが二人の身辺に手をのばしているというフィルビーの警告を受けて、バージェスとマクリーンはソ連に逃亡した。フィルビー自身はこのあと、十二年もその正体を隠しおおせて、一九六三年一月二十七日にベイルート経由でソ連にもぐりこんだ。

この三人の大物スパイについて、レベッカ・ウェストは『ニューヨーカー』に「彼らが公職にあって知った秘密情報は間違いなくすべてソ連に送られた」と書いている。


簡単に説明すると、東京・日比谷の第一生命ビルで指揮をとっていたマッカーサー元帥の作戦指令がすべて、イギリスの三人の外交官を経由して、ソ連側の手に渡っていたということである。それはまた、ペンタゴン（アメリカ国防省）の指令も同時にソ連側に渡っていたということでもある。私は、アメリカとソ連が共同歩調をとり、朝鮮戦争を始めた、と幾度も書いた。このマンチェスターの文章には書かれていないが、イギリス政府はインド大使館経由で中国共産党にマッカーサーの作戦指令を流していた。

マンチェスターは次のようにも書いている。


マッカーサーも回想記の中でこう書いている。「戦争が終わってから読んだ林彪将軍の文書にこういうくだりがある。『マッカーサー将軍がわが軍の通信・補給線に報復処置をとることをワシントンが抑止するという確信がなかったら、私は攻撃をかけて、わが兵とわが軍の名声を犠牲にするようなことをしなかったであろう』」

マッカーサーは、朝鮮戦争が八百長戦争であることに気づくのである。一九六四年四月九日の朝日新聞に、「マ元帥会見記が波紋——英が朝鮮戦争で裏切り」が載った。一部引用する。

朝鮮戦争でマ元帥は完全に共産側をつぶすことのできる戦略をもっていた。これを妨げたのは、国務省とその手先になったマーシャル元帥（国防長官）そしてトルーマン大統領で、彼らは米国と欧州にたてこもることばかり考えた〝孤立主義者〟だった。スクリップス・ハワード系の記事は「英国が情報をソ連に通じて中共に流した」とマ元帥が語ったことになっている。

マッカーサー元帥は一九六四年四月五日に死去した。右に引用した彼の告白は、死の十年前、七十四歳のときに、ハースト系新聞の記者ボブ・コンシダインの取材に応じたものである。マッカーサーは自分の死後に公表するようにとの約束を記者と交わしていた。

マッカーサーの告白にあるように、朝鮮戦争は、太平洋戦争の開戦前から計画されていた。日韓併合のときから、太平洋戦争の次は朝鮮戦争を仕掛けると、アメリカとイギリスを実質的に支配する国際金融勢力が決めていたのである。マッカーサーは朝鮮戦争の最高司令官としての指揮を執るうちに、イギリスがこの戦争に大きく関与していることを知るのである。イギリスに届けられた極秘情報がインドとソ連の政府機関を経由してさらに中国と北朝鮮に流れていたことを知り、ついに、この戦争が八百長戦争であると知る。トルーマンとマーシャルはマッカーサーを解任する。朝鮮戦争を限定戦争とする計画を、マッカーサーが知ってしまったからであった。

――天皇裕仁と日本人の朝鮮戦争観

では、ここで一つの疑問が浮かんでくる。天皇裕仁はマッカーサー同様に、この朝鮮戦争が八百長戦争であることを知っていたのであろうか。私は天皇裕仁が「限定戦争論」を展開したことをすでに書いた。天皇裕仁はマッカーサーの解任を知り、マッカーサー同様に、この事実を知ったのではないか。否、朝鮮戦争勃発前から、朝鮮戦争が、すなわち、限定戦争が始まるのを知っていたのである。

日本人は、特に日本の識者たちは、意識するしないにかかわらず、政《まつりごと》の中でがんじがらめにされている。別の言い方をすれば、天皇という神格に大きく左右されている。その天皇は、現実政治から解放され無責任体制のシンボルとなっている。俗に、無限抱擁的な存在である。

朝鮮戦争における特需もこの無限抱擁的なものの中で解釈される。あらゆる政治的演出も天皇制のもとでは正当化される。それゆえ、朝鮮半島の悲劇が日本の悲劇に直結することはない。

劇場国家とは何かを考えるとき、日本は無限抱擁的な無責任体制の劇場を持つ国家だといえよう。だから、自国の民族集団内では理論を組み立てえても、それが他国との関係においては何らの論理性を持たないのである。反韓論の氾濫は、日本流の支配と服従の関係を、韓国に応用しようとして失敗した実験例である。そこから何が生まれてくるのかを考察することなく、歌舞伎役者のごとく、見えをきっているだけだ。

政《まつりごと》の主宰者であり続けた、天皇裕仁について記述した本があるのでここに引用する。鈴木一『天皇さまのサイン』（一九六二年）には次のように書かれている。

しきりに富士山の方にながめ入っていられる陛下のお姿を見て、このすばらしい天気、そして今日の獲物は何かと心はずむご胸中を察して、思わず私は、「今日はまことによい天気で、実によい心持ちでございます」と朝のご挨拶を申し上げた。けれど陛下はだまったまま、相変わらず富士山の方を凝視していられる。もしや聞こえにならなかったのではないかと思ってもう一度「富士山が姿を現わして、実にすばらしいお天気でございます」と申し上げた。いつものやさしい「そうだね」というご返事を期待して待つことしばし、非常に静かなお声で、「きょうの戦線はどこまで来たろう」と一言、お尋ねがあった。私ははっとして、思わず全身が硬直するのを感じた。

この天皇裕仁の「きょうの戦線はどこまで来たろう」の言葉の中に、無限抱擁的な天皇制の特殊な日本式信仰体系が見える。右の引用文は、由利静夫・東邦房編『天皇語録』（一九七四年）から採用した。右の引用文には解説がついている。「昭和二十五年六月二十五日に始まった朝鮮戦争が拡大の様相を見せていたころ、御用邸のある葉山の海上に舟を出し、富士山をながめていた天皇は、富士の彼方の朝鮮半島に思いをはせられた」

この天皇の優雅な姿こそが日本人の朝鮮戦争観そのものである。すべては優雅さの中で戦争も起こるのである。すべては舞台装置の飾り立てにより演出される。日本の反韓論者が朝鮮戦争を書かないのは、飾り立てる舞台装置を設定できないからである。

気づいているか、それとも気づいていないかは別にして、日本人は神の国の演出者の一人として振る舞っている。だから、すでに、朝鮮戦争は日本人にとって役者としての役まわりがなかった。かつてのマルクス主義者たちは、朝鮮戦争の舞台から降りてしまった。否、引きずり降ろされた。そして今、反韓論者たちは一つの閥を作っている。権力化している。日本国内においても「よそ者」と「身内」の区分がはっきりとしてきた。新差別主義の誕生である。

在韓米軍は「反日」偽造の道具

朝鮮戦争の目的についてはすでに書いた。簡単に記すならば、アメリカが朝鮮戦争を演出し、自国の軍需産業、すなわち軍産複合体のために大なる貢献をしたということであった。また、ソ連はアメリカとともに八百長戦争に参加し、第二次世界大戦で大量の武器を貸与された借金をチャラにしてもらったということである。それだけではない。ソ連は一時的であれ、中国を支配下に置いたということである。

もう一つの隠れた目的があった。それを記す前に、ハリー・G・サマーズ・ジュニアの『アメリカの戦争の仕方』（二〇〇二年）から引用する。

一九五〇年六月、北朝鮮による韓国侵略が開始された。このとき、アメリカは韓国が陥落すれば日本でのアメリカの国益が危機に直面する、ということをすぐに悟ったのである。

当時は、モスクワが指導する共産主義の「一枚岩」は武力による世界制覇を目指しており、北朝鮮の韓国に対する侵略はその構想の一環である、とアメリカでは考えられていた。その論理から、「朝鮮半島は日本の心臓部に向けられた短剣である」という考え方が揺るぎないものになっていた。

したがって、一九五〇年にアメリカが突如として軍隊を送り込み朝鮮戦争を戦ったのは、韓国の国民自体が重要だったからではなく、朝鮮半島が地政学的に重要な位置にあったからなのである。

右の文章は、朝鮮戦争はアメリカにとって正義の戦争であった、との立場から描かれている。これはいたしかたない。私が言いたいのは、アメリカが日本をどのように見ていたかという点である。文中、「朝鮮半島は日本の心臓部に向けられた短剣である」と書かれている点である。

アメリカは、八百長戦争すなわち半島内での限定戦争を仕掛けたときに、万が一の場合、韓国を失う局面をも想定していた。北朝鮮軍が韓国に攻撃したとき、韓国軍があまりにも弱いのに驚いたのである。それで、スターリンと秘密交渉し、十日間の休戦状態に同意してもらった。このことは、フルシチョフの回想録にも書かれている。

しかし、中共軍が戦争に参加してから、アメリカは敗北し続ける。アメリカ側がマッカーサーの作戦を中共軍に知らせていたことはすでに書いた。この朝鮮戦争には隠されたもう一つの目的があった。ハリー・G・サマーズ・ジュニアは次のように書いている。

一九九三年七月、大韓民国議会でクリントン大統領は次のように語った。

「朝鮮半島はアメリカの利益にとって現在でも重要であります……ここ朝鮮では、他の地域とは違って、わが国は軍隊の撤退を凍結しており、韓国およびアメリカの軍隊の近代化をはかっております。わが国は日本に、米国海軍および海兵隊の強襲揚陸艦ベロー・ウッド水陸両用戦闘群とインデペンデンス空母戦闘群を展開しております。これは世界最大にして最新の戦力であります。これらが日本に駐留していることは、アメリカが、ご当地から軍隊を撤退させることを意味するものではありません。むしろ、駐留を継続するというアメリカの意思を示すものであります」

クリントン演説によると、東アジアに米軍が前方展開する理由は韓国、ということになる。しかし、実際はそうではない。

本当の焦点は、世界最大の経済大国の一つ、日本である。

右の文章を読んで分かることだが、朝鮮戦争を仕掛けたアメリカの目的の一つは、第二次世界大戦後の世界地図を新しく塗り変えるべくなされたのである。アメリカは敗戦国日本を経済大国に仕上げ、そして、その日本に、巨大な基地を半永久的に維持することにより属国化を狙ったのである。

日本をメカケ国家から幇間国家へと変身させるために、朝鮮戦争が必要であったというわけである。サマーズは「韓国駐留軍のねらいは日本に野心を起こさせないこと」と書いている。これは、韓国をして、「反米」でなく「反日」の風を吹かせようとアメリカが作戦を練ってきたということである。アメリカは、日本をアメリカの基地化し、日本から韓国を支配したということである。

サンフランシスコ講和条約の奇々怪々

一九五一年九月八日、サンフランシスコ講和条約が調印され、形式的には、日本は独立国となった。しかし、同じ日、サンフランシスコ郊外のプレシディオ陸軍基地第六兵団駐屯地で日米安全保障条約が締結された。吉田茂首相一人が基地に行き、秘密裡に締結したものであった。この条約で、日本はアメリカの軍隊を半永久的に置く基地となり、属国となった。

韓国は一九四八年に独立国となった。しかし、韓国の強い要請にもかかわらず、アメリカは韓国のサンフランシスコ条約への参加を認めなかった。また、この条約には実に注目すべき条項が盛り込まれていた。簡単に記すならば、「日本は財政的に苦しいので、各国は日本に賠償金を求めてはならない」としたことである。

韓国はどうしてサンフランシスコ条約の参加国になれなかったのか。私の考えを書くことにしよう。それは、「反米」の風を「反日」の風へと向けるためである。

日本は朝鮮特需によって、経済大国への道を歩みだした。同時に韓国は、前述したように、全土が荒廃したままだった。ここまで書くと竹島問題がなぜ大きくクローズアップされてきたかの原因がはっきり見えてくる。アメリカは反米運動を抑えるために、竹島問題を韓国側に提示したということである。私は歴史的にはこの竹島の領有権問題を検討しない。たぶん、反韓論を展開する人々の主張が正しいのだろうと思っている。

呉善花の『侮日論』(二〇一四年)から引用する。

韓国には、日本統治下の生活体験がある七〇歳代後半以上の世代に親日家が多く、日本統治

サンフランシスコ講和条約に署名する吉田茂首相(首席全権)と全権委員

下の生活体験をもたない反日教育を受けたそれ以下の世代の多くが反日的であるという現実があります。また、朝鮮総督府の統治機構の下で働いていた多数の人々をはじめ、経済的にも社会的にも直接・間接に日本の統治政策に協力した者たちがほとんどだったという事実があります。

この呉善花の文章を読むと、反日は作為的に作られたということが分かるのである。多少の反日運動は日韓併合の時代にもあった。しかし、今日のように、韓国国民の大多数が反日となったのは、反日教育のせいであることが分かるのである。もう一度、呉善花の『侮日論』から引用する。

反日教育の狙いは今も昔も、何よりもまず「日帝支配がいかに過酷な弾圧支配だったか」を、子どもたちの身体に叩き込むことにあります。そして、そうした「屈辱の歴史」に韓国人がいかによく耐え続けてきたかを教えていくのです。独立記念館もそうした「弾圧支配の過酷さ」を示す一環として建てられたものです。

反日教育を受けた私の体験からいっても、教科書や教師から教えられる「残酷で屈辱的な日帝支配」の歴史を知れば知るほど、生理的な嫌悪の情に満ちた強固な反日感情が根付いていくものなのです。

反日教育が政治的な意図のもとに遂行されてきたことが分かる。私は、韓国がアメリカの圧力のもとに反日教育に走ったとみる。ちょうど同じ頃、日本では共産主義がレッドパージにより弾圧され、共産党が解体、分裂させられる。平和教育が弾圧される。また、生活改善を求める労働運動も弾圧されていく。講和条約が調印された日、GHQの承認のもと、平和主義者の一掃をはかるために、旧特高警察関係者三百三十六名の追放解除がなされた。そして日本はアメリカの属国となり、アメリカからは「五十一番目の州」と蔑まれ続けている。韓国の反日教育と同様に、日本の平和教育への弾圧は同じ発想から誕生したのである。

■——李承晩ライン設定、その真の理由

サンフランシスコ講和条約が締結され、翌一九五二年四月二十八日に、それが発効する。ここに日本は独立した。この独立の三カ月前に、李承晩大統領は「李承晩ライン」を設定する。日本の独立直前になぜ、突然にしてこのような暴挙に出たのかを考えると、背後にアメリカの意向を見ることができる。

アメリカは第二次大戦後、竹島をGHQの管理下に置いていた。サンフランシスコ講和条約でも、韓国は参加せず、竹島は日本の領土だと内定されていた。しかし、独立の三カ月前に、すなわち、GHQが日本の権力機構を支配しているのを放棄する直前に、李承晩大統領は、突然に「海洋主権宣言」なるものを一方的に発表したのである。日本船はこれにより李承晩ラインというものを押しつけられた。

朝鮮半島周辺の最大二〇〇海里の水域にラインが引かれ、魚のみならずいろんな資源を韓国のものであると宣言した。日本は抗議した。アメリカも表面的には韓国の暴挙だとは言った。しかし、韓国は無視した。このライン設定により、韓国に拿捕された漁船の数は三百二十八隻、抑留された日本人は三千九百二十人、死傷者は四十四人となった。日本にはなすすべがなかったのである。この拿捕した日本の漁船で韓国は魚を獲り、貧しい人々に与えた。

なぜ、一方的に「海洋主権宣言」を韓国が発したのか。そしてなぜ、それが一九六五年の日韓漁業協定までの十数年間生き続けてきたのかを考えると、アメリカの意向によると言わざるをえないのである。

あの「海洋主権宣言」が発表される頃、朝鮮戦争はいよいよ終わりに近づき、アメリカと中共軍の間で休戦交渉が進められていた。李承晩はこの休戦が成立すると自らの政権を維持できないのではとの危機感を持ち、休戦に反対を叫び続けた。アメリカは李承晩を沈黙させる必要があった。サンフランシスコ講和会議に韓国を入れることにアメリカは反対した。そこで、李承晩にサジェストしたのが「海洋主権宣言」であった。

後述するが、済州島事件前後から韓国内の不平・不満分子は「アカ」のレッテルを張られ、殺され続けていた。アメリカ軍と韓国軍は朝鮮戦争の最中も殺人ゲームを続けていた。韓国人の約百二十万人が殺された。アメリカは韓国に反米の風が吹き荒れるのを恐れた。そこで、李承晩にアメを与えたのである。そのアメこそが「海洋主権宣言」であった。この宣言により、日本が悪役のシンボルとなったというわけである。次項で愛国教育について書くことにするが、反日教育イコール愛国教育の根は、この「海洋主権宣言」、すなわち李承晩ラインにあることは明白である。

では、なぜ、三百二十八隻の漁船が拿捕され、三千九百二十人の日本人が抑留され、四十四人の死傷者を出したのかを考えてみなければいけない。一言でいうならば、日本は本当に独立国になったのではなく、アメリカの属国にすぎないということである。陰の力が日本を支配しているということである。このことを理解せずに、ひたすら「韓国はけしからん」と叫んでも何ら解決策は見えてこない。反韓論はアメリカと韓国を喜ばせていることを知らねばならない。

反韓論の基本をなす思想は「忘恩の思想」である。恩を忘れることを最大の罪とするのは日本人

拿捕された日本漁船員を聴取する韓国沿岸警備隊員

の思想である。だから、日本人は純情と誠実をもって他国と同盟を結びたがる。そこには、国家間の約束事はいつも破られるという認識がない。純情と誠実の外交ほど国家を危機に導くものはないという哲学を持つべきである。

反韓論の類から導かれる哲学は存在するのであろうか。竹島問題の解決につながる哲学が生まれてくるのであろうか。

「反日無罪」はどうして生まれたのか

この項にあたって「反日無罪」と「反米無罪」の面から考察することにする。この二つの面から考察するために、黒田勝弘の『韓国反日感情の正体』から引用する。「反日無罪」については次のように書かれている。

世界化や国際化時代を叫びながら、一方では国の品格を損なうような「反日無罪」という国際マナー違反が「愛国」を理由に平気で行われ、誰もそれを指摘できないでいる。その代表例がソウルの中心街にある日本大使館前に設置された慰安婦記念像（高さ約一・二メートルほどの坐像）である。

いわゆる旧日本軍関連の慰安婦問題にかかわる日本政府に対する抗議の象徴だが、元慰安婦の老女を押し立てた支援団体による日本大使館デモの一千回記念と称し二〇一一年十二月に設けられた。しかしこれは地元の鐘路《チョンノ》区役所の許可を得ていない、無許可で歩道の一部を占有した不法施設である。

ここに従軍慰安婦問題が書かれている。私はこの問題にこれ以上深入りしない。それは、日本側から続々と提出される史料により、強制連行の証拠がないということが、ほぼ明らかにされたからである。この慰安婦像設置は、法律的には違反行為であるが「愛国行為」でもあるので、「反日無罪」とされるのである。黒田勝弘は続けて書いている。

これは誰が見ても日本に対する嫌がらせである。

しかも外国公館に対する侮辱などの不快施設は国際法（ウイーン条約）で禁じられているから、国際法無視、違反の疑い濃厚なのだ。それに外国公館周辺百メートル以内での集会やデモは法的に禁止されているのに、韓国当局は記者会見という名目で黙認し続けている。

韓国政府は不法・違法であることを知っている。しかし、「愛国無罪」「反日無罪」であるがゆえに、反日・愛国の前にどうすることもできないのである。黒田勝弘は「韓国では反日情緒は法律や規則より優先されている。法治国家ではなく『放置国家』である」と書いている。

では、「反米無罪」はないのか。米兵のいかなる不祥事が起ころうとも、これに対し、アメリカ非難を声を上げて騒ぐことは、取締まりの対象となる。「反米無罪」には決してならない。このことは後述する。「反日無罪」はどうして生まれてきたのか。私はその原因として、「反米」が「反日」にすり替えられたという説を展開してきた。その原因を朝鮮戦争に求めてきた。「反米」が「反日」にすり替えられるには、なんらかの策謀が存在したに違いないのである。策謀の一つが愛国教育であると私は思っている。私の考えているストーリーをまず書いてから、説明を加えることにする。

私の考えるストーリーは、前項の中にも書いた通り、サンフランシスコ講和条約において、日本はアメリカと何かの密約を結んだがために、「反日」を韓国側に認めてしまったのではないかというものである。

竹島はまことに不思議な小島である。日韓併合時代には日本領有の島として何も問題はなかった。しかし、敗戦後の一九四六年一月、連合国軍総司令官マッカッサーは日本の領土から除外した。それにもかかわらず、サンフランシスコ講和条約の前に、あの朝鮮戦争の八百長工作者ラスク国務次官補が、韓国政府からアメリカ政府への要望書をうけて、「竹島は日本の領土である」との書簡を韓国に送った。李承晩大統領は「日本帝国主義と最も長く闘った韓国人が、対日講和条約の署名国から除かれたのは全く理解できない」と苦情を呈した。

どうしてアメリカは韓国を講和条約の署名国から除外したのか。この点は前項で多少は触れた。ここでは全く別の面から講和条約をみてみる。サンフランシスコ条約は二十七条からなる。その中の第十四条が問題である。

日本は、戦争での被害に対して連合国に賠償すべきだが、今の日本の経済状態ではそれは難しい。賠償を望む連合国があれば、（お金や物ではなく）日本人が労務を提供することで返す賠償について交渉を始めること。そうではない連合国は賠償をすべて放棄すること。（要約）

この条項により、ほとんどの連合国は賠償を放棄した。韓国は敗戦国の旧植民地だから連合国ではないとされた。韓国は国家扱いさえしてもらえなかったのである。

その韓国が、日本が正式に独立する直前、突然に李承晩ラインを強行し、竹島を占拠することになるのである。私は日本政府はアメリカと密約を結んでいると思う。それは、第十四条をアメリカが入れるかわりに、韓国問題について密約を交わしていたということだ。その密約は、（一）反米思想を反日思想にすり替えるアメリカの秘密工作を認めること。（二）ラスク書簡を無効にし、竹島の問題を両国間の問題とすること。（三）日本の正式の独立の直前に韓国が「海洋主権宣言」をし、李承晩ラインを設定するが、この軍事境界線に対する理解を示すこと。

この講和条約を前にして、マッカーサーは解任される。リッジウェイが司令官となる。トルーマン大統領やアチソン国務長官たちへの非難の声がアメリカ国内で上がりだす。ウィリアム・マンチェスターの『ダグラス・マッカーサー』から引用する。

朝鮮で砲声が静まるまでに、五万四二四六名のGIを含む五〇〇万もの人々が無意味な死をとげた。マッカーサーは袋小路からの出口を見つけることはできなかったが、少なくとも問題は何であるかをはっきりと定義づけていた。戦争は勝つために戦うものであって、「決着のつかない手詰まりの状態」では意味がないと、彼は言っていた。彼はこの発言によって嘲笑されたが、その後の事態の推移は、彼の方が嘲笑した者たちよりもアメリカ人の気持をよく理解していた事実を証明することになる。「限定戦争についてアメリカ人が抱いた不信感は、一九五二年の大統領選挙においてこの戦争を始めた政府の敗北というかたちで表明された」とウェイグリーは書いた。

サンフランシスコ講和条約の第十四条項は、限定戦争（八百長戦争）を知ったアメリカの人々、そして韓国の人々の反米感情の高まりを恐れたアメリカ政府が、日本を悪役にするための代償だったのである。

朝鮮戦争特需と過去（戦前）からの大いなる遺産を持っていた日本は、アメリカの好意により賠償金を払わないで繁栄を続けることができた。しかし、私たち日本人は、それがアメリカの好意によると軽く信じて、賠償金の問題を忘れている。否、考えもしない。韓国が日本の漁船を三百二十八隻拿捕した原因も追究しない。日本人は自分たちの船や人を韓国人に押さえられても、強い行動に出ることはなかったのである。なぜか？　アメリカが日本政府に圧力を掛けたか、もしくは、日本人が腰抜けになったからである。

いずれにしても、この船の拿捕、人の抑留を一九六五年までの十数年間、韓国に赦してきたからこそ「反日無罪」の原型が作られたのである。ここから「反日教育」が生まれた。アメリカの〝思う壺〟である、まさに歴史のすり替えがなされたのである。

竹島問題に反日思想の原点が見える

日本政府は二〇〇五年の文部科学省検定で「新しい歴史教科書をつくる会」の教科書『新しい歴史教科書』を通過させた。この教科書が登場したころから、「自虐史観」といわれる歴史認識が問題視されだした。戦後七年間日本を支配したアメリカとマルクス主義者たちにより、この歴史観が広まったとされた。だがここでも、反米感情が反日感情へとすり替えられたとする私の史観は見出すことはできなかった。「日本人よ、反省せよ」と叫ぶ韓国人に対しては何ら言うべき力を発揮できないままに「自虐史観説」は消えかかっている。

しかし、私たち日本人は敗戦後、GHQによって「日本は不正義な戦争を仕掛けた」と一方的に洗脳工作された歴史を持つ。かく言う私も彼らの洗脳工作にどっぷりと浸って生きてきた一人である。これは、日本人の深層意識の中に「罪の意識」が生まれたことを意味する。この「罪の意識」を韓国の人々はアメリカから教えられ、反日の〝切り札〟として採用した。それゆえ、韓国人を数百万単位で殺戮した朝鮮戦争の主役アメリカは、ごく一部の人々を例外として、韓国に対して、「罪の意識」を持つことはないのである。

日本人に「罪の意識」を植えつけることに成功したアメリカの深謀を知ることなく、韓国の「反日無罪」の思想は理解しえない。韓国人の多くは、「日本が先に戦争を引き起こし、それが侵略戦争であったのだから原爆を投下されたのは当然の帰結である」と考えている。ならば、原爆無罪と同じように、反日の行為は、それが法を無視したものであれ、反日無罪となるというのが韓国人の思想なのである。

では、反日無罪にいかに立ち向かうべきか。それは、第二次大戦、原爆投下、アメリカの韓国支配、朝鮮戦争、サンフランシスコ講和条約……等々の正しい歴史認識を持つことから始めなければならないのである。いたずらに反韓論を唱えるだけでは、何の力も生まれてこない。だから私は、「反米」が「反日」にいかにしてすり替えられたかの歴史を読者に知らせようとしているのだ。朴裕河《パクユハ》の『和解のために　教科書・慰安婦・靖国・独島』（二〇〇六年）から引用する。竹島は独島（トクト）と韓国では呼ばれている。

韓国は一九四六年から一九六五年までに、日本漁船三三五隻と漁民四〇一一名を拿捕・拘留したが、このうち日本に送還されたのは一二八隻、三七四九名にすぎなかった。

そして韓国政府は、独島問題で騒然としていた二〇〇五年春、韓日関係より独島領有権の守護がより重要だと語った。独島の「守護」、それは究極的には韓国――われらの利益を守ろうということだ。すなわち平和よりも、みずからの利益を守るために不和を甘受しようということでもある。

二〇〇五年春、国家もマスコミも市民もこぞってそのような態度を貫き、ともかくも平和を前提とした対話によって問題を解いていこうとする意志を示すことはなかった。

山陰沖の隠岐から百五十七キロ離れた日本海に浮ぶ小島である竹島に、ほとんどの日本人は無関心である。二〇〇五年三月、島根県が毎年二月二十二日を「竹島の日」とする条令を定めた。このことに関し、右に引用した文章にあるように、韓国は国をあげて大がかりな抗議行動をしたということである。同年四月二十六日、韓国の国会は「持続可能な利用に関する法案」を議員全員が賛成して可決した。

韓国の中学校歴史教科書には「独島を含んだ私たちの領土は一九四五年に光復（解放）とともに取り戻した。だが、日本は独島を自分たちの領土としようと紛争を起こしている」と書かれている。竹島（独島）に関する韓国側と日本側の認識には大きな差がある。この認識の差が、反日教育のすさまじさを私たち日本人に教えてくれる。

日本の竹島についての主張を、韓国にとっては、侵略の歴史を正当化しようとするものであり、歴史を改竄《かいざん》し、解放の歴史を否定するものとする。よって、日本に対する戦争も辞さないという姿勢をとるようになる。日本人には一つの県の主張としかみえない「島根県の条令制定」が、韓国民にとっては「宣戦布告」と理解される。その戦争を想定し、仮想の敗北を想定し、「霊魂までも散骨せよ」と説くのだ。これこそが私が説いてきた「歴史のすり替え」なのである。

歴史が改竄され、歴史は歪曲されて、都合のよい歴史が洗脳教育によって頭の中にたたき込まされていく。韓国はかの時、大国であったといえる。小国日本の船を多数拿捕して、しかも返さなかった。漁船員もだ。小国日本は震え上がっていた。なぜ、震え上がり続けたのか。間違いなく韓国と日本の間にアメリカが介在したからである。反日無罪はこうした中で韓国の超法規の法となった。

「おせっかいな外交思想」が反日を招いた

反日思想の極にある「反日無罪」について書いた。私は前項を書きつつ、二つの思想、思想といえるものでないとすれば、二つの情緒について考えていた。それが「恨（ハン）」であり、もう一つは「忘恩」である。恩をあえて「忘恩」としたのは、忘恩の情こそが、恨に対応する情緒だと思ったからである。忘恩とは恩を忘れるということである。多くの反韓論、嫌韓論の類の本の言わんとするところは、この忘恩の情を韓国が持たぬか、忘れているということに尽きる。

「日清戦争も日露戦争も日韓併合もみんな、韓国のためを思い、日本が犠牲的な精神でやった行動なのに、韓国はなぜにそれを理解しないのか」という論調で、すべての反韓論の類は一致している。これが日本人が韓国人に言いたい忘恩の思想である。やさしく言うならば「恩を忘れやがって」となる。

矢野暢の『劇場国家日本』から再度引用する。

朝鮮半島については、大井憲太郎の朝鮮「改革」のための大阪事件を思い出してみるといい。朝鮮の現状を「傍観するのは、われわれ自由・平等の主義において黙っていることは耐えがたいから、われわれは朝鮮を助ける念を生じた」というぐあいに、一種の日本流のおせっかいな

「外交」思想が当然と考えられている。そのころは、「同情相憐み、艱難相救うの好意主義」（大井憲太郎）というふしぎな大義名分によって、多くの日本人が放縦な、そして好意的な内政干渉を重ねていった時代であった。その気風は、戦後の日本人にも受け継がれているように思う。

大井憲太郎の大阪事件についてはここでは触れない。拙著『日本の本当の黒幕』（二〇一三年）の中で詳述した。

私が右の引用文の中で注目するのは、「一種の日本流のおせっかいな『外交思想』が当然と考えられている」というところにある。日清戦争も日露戦争も元をたどれば「おせっかいな『外交思想』」から生まれたものである。そして、この外交思想が今も生きているがゆえに、日本人は、韓国人が日本人に示す「恩をあだで返す」ことに出会うと、どうしていいのか分からなくなるのである。反韓論の類の本は無韓論へと変貌する。無韓論の言わんとするところは、無視、無関心で韓国を見よ、ということである。

私たちの思想構造では、韓国を理解することは、ほぼ不可能に近い。それは日本人がいかに単純な過程を経て行動しているかにかかわってくる。私はそれを、「おせっかいな『外交思想』」の中にみた。

「恨」については前章でも書いた。また後章でも書く予定にしている。この項は、日本人の立場からみた「恨」を書くことにする。

日本人は「おせっかいな『外交思想』」を深く考えることなく、韓国に介入した。そして今、私たち日本人は、韓国人たちによる、反日無罪の嵐を正面から受けている。この原因について、ここで考察してみよう。

日清戦争も日露戦争も、日本人のほとんどは「義戦」ないしは「聖戦」であると考えている。キリスト者内村鑑三さえも日清戦争を「義戦」と表現している。現在、反韓論を主唱する日本の識者たちも、この「義戦」ないしは「聖戦」論者である。日本は韓国のために戦ったとするのである。しかし、韓国の人々はこの日本の戦いを決して「義戦」とは思っていない。俗な言い方をすれば「いらぬお世話」ということになる。この「いらぬお世話」の意味を追求しようとしないのが日本人の浅知恵である。

私たち日本人は「理《ことわり》」という言葉を好む。特に外交政策においては「理」を第一とする。そこで考え出されるのが意気投合という雰囲気であり、意見一致である。外交の内容は二の次となる。右翼の連中は「至誠」を、左翼の連中は「多数」を持って主義となす。なによりも、外交政策を決定する最も重要な瞬間においても情熱的というべき議論の沸騰がない。「まあ、まあ」である。

サンフランシスコ講和条約の内容も、日米安全保障条約の内容も、密室の中で決められた。幇間国家になったのも、敗戦下という状況とはいえ、国家を新しく再建するという情熱が欠如していたからである。韓国が朝鮮戦争の最中に李承晩ラインを一方的に宣言したとき、小国日本は大国韓国に反日無罪を突きつけられたのに、ただただ震え上がって十数年にわたる虐待を受けた。だから、反日無罪が正道を突っ走っている。

アメリカは敗北後の日本を占領した後に、朝鮮戦争の兵站基地とすることを決定ずみだった。それで、アメリカに忠実な犬、吉田茂を首相にした。彼は敗戦時の首相鈴木貫太郎から秘策を伝授された。それは「敗けっぷりをよくしろ」という策だった。「アメリカの言いなりになって助けてもらえ」という政策を伝授された首相吉田茂は、アメリカになんら反抗するでもなく動いた。ただ、ロボットのように。

第二次世界大戦に日本を引きずり込んだアメリカは日本を崩壊せしめ、占領後は日本の精神を徹底的に殺戮し尽くした。そして、朝鮮戦争をやり、韓国における「反米」を「反日」に見事にすり替えた。日本人は今日においても、この単純な理屈を知ろうともしない。「死に至る病」に罹《かか》った患者の呻《うめ》く声が、反韓論の類の本の中に満ち充ちているではないか。

朴槿恵《パククネ》韓国大統領は、二〇一三年三月一日（「独立運動記念日」）の記念演説で、「千年恨み節」の演説をした。「被害者と加害者の立場は千年経っても変わらない」。日本に対するこれほどの暴言はない。しかし、日本という国家は、この暴言を無視し続けている。沈黙を守るということは、その暴言の正当性を認めているということである。

この朴槿恵の暴言の源を辿れば、敗戦後の「敗けっぷりのよさ」を政策としたことに行き着くのである。室谷克実の『呆韓論』（二〇一三年）から引用する。

明らかなことは、国家としての韓国が反日教育を実施し、国際社会で「何でもいいから日本を貶める」ための反日宣言工作やロビー活動を日常的に展開している事実だ。

一九八〇年代の世論調査では、日本統治時代を実際に体験した高齢層ほど反日の比率が低かった。しかし、その世代は歳月とともに減少し、いまや社会に向かっての発言権すらほとんどない。

代わって、日帝の凶悪さを劇画的に強調した反日教育を受けた年代層が韓国社会の隅々に広がっている。

この室谷克実の文章とほぼ同じ内容が他の「反韓論」の多くに書かれている。

私は思うのである。

どうして反日教育が始まったのであろうか。どうして韓国という国家は反日宣伝工作をするのであろうか。どうして日本統治時代のほうが反日の比率が低いのであろうか……。

こうした疑問に、室谷克実だけでなく他のこの種の本を書く日本の知者たちも答えられないのである。千年にわたる恨み節の原因は日本統治時代でないことははっきりしている。室谷克実も書いている。「日本統治時代を実際に体験した高齢者ほど反日の比率は低かった」。間違いなく、日本統治時代が終わって朝鮮戦争前後から反日の比率が増加するのである。ということは、故意に反日が作られたということである。

「恨の思想」に負け続ける日本

「恨《ハン》」とは恨み節である。この恨があらぬ方向に向かって、故意の力でねじ曲げられて、反日へと進んだのである。そのことを考えずに、日本人のほとんどは、日韓併合時代の善政をひたすら説いて「忘恩」だと言うのである。

それだけではない。日本人は韓国人に「嵌《は》められた」と騒ぐ。韓国人が日本人に戦争を仕掛けている現実を見ようとしない。李承晩ライン事件は、真実は李承晩ライン戦争であった。日本の船と人が大量に拿捕されたのに、それが戦争であるとの意識は全くなかった。

あれは韓国による略奪であった。日本はひたすら穏便にすませようとした。そして、丸くおさめるという手段をよしとし、和を講じようとした。無思考的なる思考を貫いた。よって韓国人は貧窮のどん底にありながらも、完璧な勝利を収め続けたのである。彼らの武器は「恨」という名の精神であった。反日無罪という名の武器で、日本人の精神に攻撃を仕掛けた。日本人は精神を殺戮された。所得倍増計画が進行中の時期においてもである。

日本人は幻想の民族ではないのか、同床異夢という言葉の意味を知らないのではないのか。連帯の夢におぼれているのではないのか。「恨」について井沢元彦は『『恨』の民族は今日も敵を必要としている」（「週刊ポスト」二〇一三年十二月二十・二十七日合併号掲載）の中で次のように書いている。

「恨《ハン》」とは「恨み辛みや不満を生きるエネルギーに転換した状態」のことで、朝鮮民族特有の精神構造である。

理不尽な支配や暴力に対する怒り、あるいは恨みといったものは、確かに人間のエネルギーの源になる事は事実である。しかし、それを活用しようとすることは、長い目で見て決して有効なやり方とは言えない。なぜならそれは、憎悪という最も非理性的な感情を人間活動のモチベーションにするということだからだ。そういう人間は、いやその人間の集団である国家も必要以上に攻撃的になり非理性的にもなる。

右の文章を読むと、「恨」の民族韓国と日本が全く異質の民族であることが分かる。韓国の民衆は国王や貴族などの上流階級から徹底的に絞りあげられた。その恨《うら》みが恨《ハン》となったのである。その一方、日本人について井沢元彦は次のように書いている。

逆にわれわれ日本人は、太古の昔から「恨み」という感情をケガレの一種、つまり排すべきものだと捉えてきた。いつまでも恨みを抱き続けるのは悪いことで、いずれ水に流すべきものと考えられてきたのだ。だからこそ、日本人は和や協調性や思いやりを大切にするのである。

私は「恨」の民族と「忘恩」の民族との差異を書いてきた。日本人は恩を忘れることをひどく嫌う（一般的には）。しかし、「恨」の民族である韓国人は逆に、憎悪という感情をエネルギーにして生きている。その憎悪という感情はネガティブなエネルギーを生み出す。彼らは憎悪の対象を持たないと、民族として生きていけない。

私が主張し続けてきた、反米が反日にすり替えられたとする説は、「恨」によって説明できる。「恨」は必ず憎悪の対象を必要とするから、反米でなくとも反日でもいいのである。

朝鮮戦争当時、アメリカは巨大なエネルギーを持つマンモス的存在であった。一方、日本は朝鮮特需で潤っていたとはいえ、大戦の敗北感に打ちひしがれていた。そこで、憎悪の対象に日本が選ばれるということになった。事大主義と小中華思想を持つ韓国は、中国のメカケ国家からアメリカのメカケ国家となったがゆえに、中国とアメリカの圧倒的な力の前に平伏するしかなかった。憎悪の炎を燃やすしか生きていくエネルギーを持たぬ韓国人が、「恨」を抱いて敵愾心を燃やす対象に日本を選んだのは当然であった。

日本人は「なぜか？」と叫ぶだけだ。反日無罪の叫びこそが「恨」なのだ。

■――「漢江の奇跡」を教えられない韓国人

一九六五年に日韓基本条約が結ばれる。この条約を中心に日韓の関係を見ることにする。簡単に記せば、日本は韓国に総額八億ドルの資金供与・融資を行った。当時の韓国の国家予算は三・五億ドルであったから、国家予算の二倍以上である。この資金供与・融資により、「漢江の奇跡」とよばれる経済発展がなされるのである。

この基本条約により、個人請求権は消滅した。国家予算の二倍以上の資金供与・融資により、韓国への国家賠償がなされたということになった。しかし、問題は残った。個人請求権を要求する声が高まっていくのである。日本側はサンフランシスコ講和条約で、賠償金の支払いをしないでよいとした点を強調した。そして、朝鮮にあった日本の財産を全部、韓国に無償で与えたので、対日請求権は個人を含まないとした。

一九六五年の合意議事録に「韓国側から提出された『韓国の対日請求要綱』（いわゆる「八項目」）の範囲に属するすべての請求権が含まれており、したがって、同対日請求要綱に関しては、いかなる主張もなしえないこととなることが確認された」とある。この合意議事録を見ても、後の個人請求権の問題は存在しないことになる。また、この合意議定書には「領土の分離にともなう民事上の個人請求権が含まれる」とある。韓国政府側が八億ドルの援助を受けるかわりに、完全に個人請求権を放棄していることを証明している。

では、今日においても韓国の人々は、どうして個人賠償を求めて裁判沙汰にするのであろうか。もう一つ、この日韓基本条約には不思議なことがある。当時の韓国人はこの条約により莫大な金が国内に流れ、日本の技術を総動員して、「漢江の奇跡」をなしとげられたことを知らないのである。井沢元彦の「なぜ韓国は『反日』がやめられないのか」（「週刊ポスト」二〇一三年十二月二十・二十七日合併号）から引用する。

74年に開通したソウルの地下鉄も、日本のODA（政府開発援助）と技術供与が大きく貢献した。そうした例は挙げればきりがない。ところが、戦後の韓国では、そうした事実はほとんど隠蔽されたばかりか、逆に「日本の植民地支配のおかげで韓国の近代化は大きく遅れた」と喧伝されてきた。ソウルに地下鉄ができたとき、韓国人の女子大生が日本人に「東京にもこんな立派な地下鉄はありますか」と聞いたというエピソードがあるほどだ。そして朴槿恵大統領は、父親が親日的、少なくとも日本との協調をはかろうとした人物だったことを否定するのに躍起になっている。われわれ日本人からすれば、父親が築いた日韓関係を壊そうとする彼女ほどの親不孝者はいない。

朴槿恵の父である朴正熙《パクチョンヒ》大統領は日本の賠償金を得て、漢江の奇跡をなしとげるが、一方で反日教育に力を入れるのである。

朴裕河の『和解のために　教科書・慰安婦・靖国・独島』は一度引用した。朴裕河は早稲田大学

日韓基本条約を交わす椎名悦三郎外相と李東元外務長官

で日本文学を学んだ女性の学者である。彼女は「漢江の奇跡」について次のように書いている。

問題は、韓国のなかにも日本による植民地化のおかげでいまの韓国の経済発展が可能になったとひそかに思う人がいなくはない点である。彼らの考えは、朴正熙大統領が近代化を成し遂げたのだから、かりに独裁政治をおこない人々を苦痛に追いやったとしても許されるのではないか、という考えとも相通ずる。

このような主張を支えるものは、近代化に対する絶対的信奉である。それは日本を否定しながら、他方では解放後韓国がたえず日本を模倣し、彼らのように、あるいは彼ら以上に近代化を達成するのだという意識にとらわれてきたこととも無関係ではない。解放以後韓国は、日本を否定しつつもその日本を絶え間なく模倣しつづけるという、構造的自己矛盾を抱えてきた。

間違いなく朴裕河は、日韓基本条約で八億ドルの金が韓国側に渡り、その資金供与・融資により「漢江の奇跡」がなされたことを知っている。しかし、右の文章を読むかぎり、日本側からの資金供与・融資により韓国が近代化したとはっきり書いていない。否、書けないのである。「なぜか?」と問うとき、私たちは「反日無罪」の嵐が静まることなく、より激しく吹き荒れるのを知るのである。「解放後韓国がたえず日本を模倣し」としか書けない。もし、「漢江の奇跡」の秘密を書いたなら、彼女は韓国の大学（「当時」は世宗大学日本文学科副教授）から追放されるにちがいないのである。

■――「日韓漁業協定」と還流したブラックマネー

もう一つ、大きな問題がこの日韓基本条約の後に残った。それは、この基本条約と同時に「日韓漁業協定」が結ばれたことである。このときに竹島問題が大きくクローズアップされてきた。竹島に一九五四年、韓国が武装要員を常駐させ占拠してきた。私は李承晩ライン事件を日韓戦争であると前項の中で書いた。竹島に日本人は行けないのである、武器を持った韓国の警察部隊が駐屯しているからである。

この武装監視は単なる脅しではない。日本政府はその武装監視が強化されるたびに抗議はした。しかし、俗に平和的手段という域を出るものではなかった。それゆえ、韓国は日本の漁船を拿捕し続け、船員を抑留し、自国の漁業のために使用した。船を掠奪するという海賊行為に、日本という国家は何もなすすべを持たなかった。

日本が日韓基本条約を結ぼうとした一つの動機は、この日本の漁船の拿捕が続いていたからであった。拿捕当初は韓国は漁船を操縦する技術を持たなかった。やがて漁船の操縦術をマスターした。そこで日韓漁業協定後、少々のトラブルが勃発したものの漁船不足となった。在日朝鮮人のヤクザ町井久之と同じ在日朝鮮人の右翼児玉誉士夫は、大野伴睦（池田勇人首相のもとで自民党副総裁をしていた）の秘書中川一郎に、北海道の中古船を闇ルートで韓国に売りつける話をもちかけた。韓国のヤクザがこの事業に協力した。この闇の仕事に伊藤忠商事の瀬島龍三が韓国地下マネーを中川一郎に渡す。中川一郎はやがて青嵐会なる組織を自民党内につくり、韓国のブラックマネーが青嵐会に入ってくる。石原慎太郎はこのブラックマネーを貰い受けて政治家として大成していく。

「漢江の奇跡」はまた、日韓のブラックマネーの温床となったのである。

一九九九年（平成十一年）、「新日韓漁業協定」が結ばれた。「暫定水域」が設定された。両国がともに漁を行うことで合意はできた。しかし、韓国が竹島周辺十二海里を自国の領土だと主張しているために日本の漁船は近づくことはできない。現在でも竹島をはさんで日韓戦争は続いているのである。

どうしてここまで韓国は反日にこだわるのであろうか。呉善花は韓国人のこの執念ともいうべき反日無罪の思想について、『侮日論』の中で次のように書いている。

　その七〇年間とは、一八七五年の日本による韓国江華島砲撃にはじまり、日朝修好条規、日清戦争、日露戦争、日韓議定書、第一次～三次日韓協約と続いて日韓併合条約が締結され、三五年間にわたる日本統治が一九四五年八月に終わるまでの七〇年間です。この全期間を、日本がしかけた侵略戦争に対する韓国の反侵略戦争の歴史と位置づけるのです。

呉善花の言わんとするところは、歴史とは韓国にとって都合よく改竄されたものであってもよい、という開き直りである。日本の識者たちは、この韓国の歴史をファンタジーと言うと、すでに私は書いた。「その七〇年間の日本との関係」がすべて韓国の反侵略戦争の歴史ならば、その後の一九四五年八月以降の日本と韓国は、以前と何ら変わらず戦争状態にあるということになる。
続いて、呉善花の文章を読んでみよう。

それでは、民族主義と不可分の韓国の反日主義は、日本に対して何を求めるのでしょうか。具体的には日本統治に対する反省、謝罪、賠償などを求めているわけですが、その真の目的は「植民地化をもたらした日本民族の侵略的で野蛮な資質」を「日本人に自覚させ直させる」ことにあります。ですから、この目的が名実ともに達成されるまで、その罪を問い続けていくことが、韓民族（韓国国民）としてなすべきことだとされるのです。

私は呉善花の言わんとする説を別の角度から書いてきたのである。彼ら韓国民に一九六五年の日韓基本条約に基づいて八億ドル（当時の韓国の国家予算の二倍以上）の資金を与えて、「漢江の奇跡」を演じさせた日本の努力は全く無駄であると言っているのである。だから、その証として竹島を占拠したということである、そう私は幾度も書いた。

■——「なぜ」と問う、哲学する心の必要性

この章が終わるときを迎えても、再び書かねばならない。呉善花の文章を読んでも分かるように、彼ら韓国人は自らは反省せずに「植民地化をもたらした日本民族の侵略的で野蛮な資質」を問うの

である。ならば、日本人は彼らにどのように言えばいいのか。ということは何を日本人はなさねばならないのか。

私はあえて次のように韓国人に言いたい。

韓国の人々よ、あなたたちは朝鮮戦争を忘れている。アメリカに向けるべき「恨」を忘れ、「反米」を「反日」にすり替えている。真に問うべきは、朝鮮戦争の惨劇であり、数百万単位の死者を出したアメリカの侵略的で野蛮な資質である。その国家の人々にその罪を自覚させ、懺悔させることである。

韓国の人々よ。日本人はたしかに悪いこともした。しかし、良いこともした。朝鮮戦争を演出した国家は、あなたたちのために、何か良いことをしたのか。

ここまで書いて私は思う。日本人に対する韓国人の「恨」は半永久的に終わることがないであろう、と。実際に起こった歴史は捨て去られ、願望としての、外圧が加えられた虚構の中から歴史が創造され続けている。外圧とは、「反米」を「反日」にしろと迫るアメリカという国家である。

日本はアメリカという巨大な力の前に屈した国である。そして、「メカケ国家・韓国の悲劇」を半ば知りつつ、大国アメリカをヨイショする幇間国家と成り下がっている。しかし、そんな日本人にも可能なことがある。それは、私が書いてきた「メカケ国家・韓国の悲劇」を知ることである。それが哲学する心である。哲学する心がないゆえに、幇間国家と成り下がっているのだ。

「なぜか？」と問う心を持つのが哲学をする初心である。なぜ韓国の人々は「日本人に自覚させ直させる」と言い続けるのか、を心の中で問うことだ。敵はどこにいるのか。あなたの心の中にいるのだ。

竹島を知るために好適な本がある。月刊『Ｗ・ｉＬＬ』二〇一四年三月増刊号である。「竹島問題一〇〇問一〇〇答」の中から引用する。

私たちが竹島の領土権確立を求めるのは、竹島に経済的な価値があるからではない。日本の領土が外国によって理由もなく占拠されているからである。日本政府、ならびに島根県が、竹島の領有権に関する歴史的な証拠として資・史料を集め、法的な検討を加え、国民や県民の啓発活動を行っているのは、資源が欲しいからではない。日本の主権を守るためである。

そもそも領土は、国家の基本的な要素である。領土が侵害されることは、単に国家の所有物が侵害され、魚がとれない、資源の探査開発ができない、使用収益できないなどの問題ではなく、国家それ自体が侵害されているということである。また、領土は国家及び主権と一体のものであって、不可分である。

私が、李承晩ラインと竹島問題について書いてきた理由は右の文章と同じである。私たちは、韓国という国家から戦争を仕掛けられたのである。この日韓戦争はたぶん、両国家が存在する限り終わらないかもしれない。その源を辿れば、「日韓併合」ではなく「朝鮮戦争」に行き着く。次章では、別の角度から「朝鮮戦争」を検証する。

私たちは、生き続ける限り、戦争が終わらないという自覚を持たねばならない。平和とは戦争の一時的休戦の時にすぎない。哲学するとは、戦争に勝つ方法を考えることだ。国家にとっての最大の危機は、平和ボケした国民が増えることである。平和ボケした人々は、絶えず改心し続け、謝罪し続ける。私たちは善とは何かより、悪とは何かを考えて生きていかなければならない。

韓国には、たとえ私たちがファンタジーと言おうと、歴史なるものを創造し、たしかに歴史が、正史が存在する。しかし、日本に歴史があるのだろうか。歴史とは何かを知ろうとしない平和ボケした日本人は日本の歴史の存在すら知ろうとしない。

だから、李承晩ラインを設定され、漁船が拿捕され、漁民が拘束されても、怒りを失った。かくて、日韓戦争で日本は敗北を続けているのだ。

第七章

韓国と日本の悲劇に解決策はあるのか

「儒教の国」ではなくなった韓国

私はサミュエル・ハンチントンの『文明の衝突』を一度引用した。

「一九八〇年代には長老派とカトリックを中心とするキリスト教徒が韓国の人口の少なくとも三〇%を占めるまでになっている」

また次のようにも書いた。「一九五〇年のキリスト教徒数はおそらく人口の一ないし三パーセントにすぎなかったろう」と。

私はなぜ、ハンチントンの文章を引用したのかを書いてみたい。読者は気づかれたであろうか。一九五〇年のキリスト教徒数とは、朝鮮戦争勃発直前のキリスト教徒数である。それがなぜ、劇的なまでにキリスト教徒が増大したのであろうか。ハンチントンは「個人個人の救済や個人の運命を前面に押し出すキリスト教は、混乱する変革の時代にあって人びとにより確かな安らぎを与えたのである」と書いてその理由としている。以上は復習である。

ここで、浅見雅一と安廷苑の共著『韓国とキリスト教』(二〇一二年)から引用する。

韓国の全人口に占める宗教別の信者の割合を示したい。韓国では、宗教を信仰していると答えた人が、全体の五三・一パーセント、約二五一〇万人(韓国の総人口は、二〇〇五年の時点で約四七二八万人)いることになる。韓国で最も信仰されている宗教は仏教であり、その信者は人口比二二・八パーセントである。プロテスタントがそれに次いで多く、一八・三パーセント、カトリックが一〇・九パーセントであるから、キリスト教徒の合計は約一三八〇万人になり、全人口に占める割合は二九・二%と三割近くになる。

この数字はハンチントンの数字とほぼ一致する。韓国は宗教人口（無神論者を除く）だけを見るならば約半数以上の国民がキリスト教徒であることがわかる。

詳しくは後述するが、韓国がキリスト教国家であることを認識する必要がある。この視点に立たなければ、彼らの「反日論」が見えてこないのである。また、仏教徒が意外に多く、儒教を信じる人がほとんどいないということである（儒教を宗教ととらえてないとしても）。儒教徒のほとんどがキリスト教徒になったと考えられる。否、儒教的キリスト教であり、また同時に、キリスト教な儒教ともいえる。

儒教の中心は孝という考え方である。これは先祖・父母に対する孝のみならず、国を治める王を尊敬するという思想へと拡大される。つまり、孝は倫理・道徳へと拡大し発展する。韓国の儒教は中国や日本の儒教と異なっている。それは朱子学が主流だったからである。中国では明末に盛んになり、日本にも伝えられた陽明学は韓国では受け入れられなかった。

「孝」中心の朱子学は李氏朝鮮の国教となった。この弊害について、崔基鎬は次のように『韓国がタブーにする日韓併合の真実』の中で書いている。

人にとって、不孝《プルヒョ》こそが最大の罪であって、一族がすべてに優先した。交友関係も、親や、一族に対する忠誠心を妨げることになったから、深いものになってはならなかった。李氏朝鮮社会における女性の扱いにも表われた。妻は夫の両親に仕えることが、もっとも大切な役割とされ、夫との人間関係は軽んじられた。

この結果、朝鮮では過度な祖先崇拝が行われた。結婚披露宴や、葬儀の派手さ、墓の大きさや、祖先に対して自宅で催される祭祀が、一族の栄光を示すものとなった。親が死んだ場合には、長男は墓のわきに仮小屋をつくって、粗衣を纏《まと》って籠《こも》り、三年にわたって喪に服さねばならなかった。

人々にとって、祖先の一族が何よりも強い求心力を発揮した。他人の一族はつねに競争相手として意識されることによって、孝が排他的な力として働いた。過剰な孝は、反社会的な力として作用した。そのために、このような土壌には、日本の活力の源となった和の精神や、共同体としての国家意識や、国に対する忠誠心が育つことがなかった。

李朝の朝廷が上国である中国に頼るかたわら、人々は祖先に依存した。そこで自立という観念にまったく欠けていたから、清が日本に敗れて力を衰えさせると、清に代わって寄生できる国を求めねばならなかった。

この文章を読むと、キリスト教が朝鮮半島で李氏朝鮮の時代から民衆の間に広まっていった理由が分かるのである。李氏朝鮮の中で中枢に加われなかった多くの知識人たちが、キリスト教宣教師のもとで西洋を学び、「清に代わって寄生できる国」にすがろうとする。後に韓国の初代大統領となる李承晩がそのよき例である。彼はアメリカにその未来を託した。また、一部は日本にすり寄った。そして、日本が韓国を併合後、キリスト教を排斥すると、反日運動をアメリカのキリスト教勢力の支援のもとに実行していくのである。

このことから見ても、韓国では知識人からキリスト教が浸透していったことが分かる。それも最初は文書と学問を通して摂取され、次いで宣教師たちが、特にローマ・カトリックの宣教師たちが韓国を訪れた一七八四年以降にキリスト教が入ってくる。日本は一五四九年のイエズス会のフランシスコ・ザビエルが初めて布教した。

「唯一様信仰」がキリスト一神教と結びついた

井沢元彦・呉善花の対談本『やっかいな隣人韓国の正体』(二〇〇六年)の中で、呉善花は次のように語っている。

韓国語では天のことをハヌルといいますが、朝鮮半島では中国の天帝にあたる天上の最高神をハヌニム(天様)と呼んできました。これは日本の神々のような人格神ではなく、唯一絶対の抽象的な存在としての「天なる父」です。このハヌニム信仰があるため、韓国ではキリスト教が受け入れられやすかったんだと思います。

呉善花は済州島出身の学者である。日本人の反韓論を書く識者たちは、儒教に注目するが決してといっていいほどにキリスト教には注目しない。朝鮮半島について深くは考察する気がないからである。呉善花は次のようにも語っている。

どうやら、日本の宗教的な土壌は多神教的なもので、韓国には、かなりキリスト教的な唯一神を信じやすい土壌があるんではないかと思うんです。それが先ほど述べた天帝信仰の韓国版、ハヌニム信仰ですが、プロテスタントではハヌニムをハナニムとも呼ぶんです。

「ハナ」とは「一つ」のことですから、ハナニムとは「唯一様」ということなんですね。

韓国人には、日本人の多神教的というか、自然信仰的な考え方は本当にわかりづらいものです。木一本、岩一つにも神霊が宿っているといいます。もちろん、文字通りに精霊の存在を信じているわけではないと思いますが、日本人はスッと木や岩を拝んだりするんですね。あるいは、そうした神霊を祀っているとされる神社で、いろいろな祈願をするんです。この気持がなかなかわかりづらい。

この呉善花が指摘する宗教的差異こそが、反日、そして反韓の根源的な要因であることを私たち日本人は知る必要がある。私は韓国、特に李氏朝鮮の時代の女性は差別ゆえに苦しんだとみている。「妻は夫の両親に仕えることが、もっとも大切な役割とされ、夫との人間関係は軽んじられた」のである。これが儒教の論理でもあった。私は「恨」はこうした女性たちの苦悩の形を表していると思っている。プロテスタントはこうした女性たちをキリスト教徒に仕上げたのである。日清・日露戦争、そして李氏朝鮮の崩壊にいたる中で、女性たちの間でキリスト教が、特に平壌で広まっていくのである。

どのようにしてキリスト教が広まったのか

浅見雅一と安延苑の『韓国とキリスト教』では、一九〇七年の報告によれば、「平壌では教会の日曜礼拝に約一万四〇〇〇人が参加しており、平安北道《ヒョンアンブッダ》の定州《チョンジュ》では、当時の全人口に相当する約二万人が信者だったという」と記している。

朝鮮の人々は日清・日露戦争を通じて、自国が日本と比べて近代化に遅れたことを知った。李氏朝鮮を内部から改良しようとした独立協会の人々のほとんどはキリスト教に改宗していた。その代表的な人物があの李承晩だった。彼らはまた、抗日運動をも主導した。この二つの大きな流れが、李氏朝鮮の内部にあったことを私たちは知らねばならない。

私たち日本人は、日韓併合によって、朝鮮の人々に近代化の恵みを与えた。それで文句を言われる筋合いはないと一方的に韓国非難の声を上げるだけである。これが「反韓論」の内容である。そして、儒教が朝鮮をダメにしたと説く。しかし、朝鮮の人々も苦しみから脱するために努力していたのである。一九一〇年に日本は朝鮮を併合する。そして反キリスト教政策をとる。私は朝鮮人が、セオドア・ルーズヴェルト、そしてウッドロウ・ウィルソンに働きかけて民族独立を要求したことを詳述した。彼らのほとんどはキリスト教信者であった。あの三・一運動もその参加者の多数はキリスト教信者たちであった。

韓国を儒教の国として認識し論じても片手落ちなのである。日本は朝鮮の人々に信教の自由を認めなかった。しかし、弾圧すればするほど、キリスト教は朝鮮半島の中に深く浸透していった。日本は共産主義者とキリスト教信者を弾圧し続けたのである。そうした中で、一九三〇年代に入ると、神社参拝を強制した。いわゆる「内鮮一体」といわれる政策である。朝鮮人が一方的に日本人に合わせる形で一体化を図るというものである。私たち日本人は、朝鮮の人々の〝心〟を無視し続けた。一方的な皇民化政策であった。それでもキリスト教徒が増えていった。だがそれも一～三パーセントであった。当時の日本では、〇・三～〇・四パーセントのキリスト教徒がいた。一九五〇年まで、韓国のキリスト教信者は少しずつしか増えなかった。そして、朝鮮戦争を迎えてから一気呵成に増え続けるのである。

もう一度、朝鮮戦争について記すことにする。なぜ、朝鮮戦争がキリスト教信者を大量生産したのか。

アカと認定され虐殺された百万の韓国人

韓洪九《ハンホング》（聖公会大学校教養学部教授、歴史家でありリベラル派知識人）の『韓洪九の韓国現代史』（二〇〇三年）には、朝鮮戦争が次のように記されている。

朝鮮戦争は二〇世紀におけるどの戦争よりも民間人の犠牲が多かった「汚い戦争」でした。それ以前に鋸を挽くように戦線が上下に移動した朝鮮戦争は無数の民間人虐殺を生みました。それ以前に数万人が犠牲になった済州島《チェジュド》の四・三事件と麗水《ヨス》・順天《スンチョン》事件の惨禍をはじめ、戦争勃発の直後、保導連盟員（転向して大韓民国に忠誠を誓った共産主義者を一九四九年に政府が組織した反共団体）と獄中にいた左翼に対する虐殺、老斤里《ノグンリ》事件（一九五〇年七月、米軍が忠清北道永同郡黄澗面老斤里で三〇〇人余りの韓国人を射殺した事件）など米軍による虐殺、左翼と人民軍による虐殺、米軍の無差別爆撃による虐殺、韓国軍と米軍による北朝鮮住民への虐殺、パルチザンの討伐過程で韓国軍によって行われた民間人虐殺、南北がそれぞれ自分の地域を奪回したあと「国家への反逆に加わった者」の処断の過程で行われた虐殺など、虐殺のリストに終わりがありません。

韓洪九は「人を殺す方法は本当にさまざまです」として、数々の例を挙げている。その一部を引用する。「……頭を斬り殺す斬首、腰を斬って殺す腰斬、また、水に溺れさせて殺す溺殺、捕らえて殺す捕殺、飢えさせて殺す餓殺……」と列挙している。そして次のように書く。「人類の歴史における人の殺し方がすべて動員されたのが朝鮮戦争前後の民間人虐殺の現実でした」。また、「いくら少なく見積もっても五〇万、おそらく一〇〇万人が『アカ』や『反動』のレッテル一つで、ひどい場合はそうした家族がいるという理由だけで命も失わねばならなかったのです」とも書いている。呉善花も『なぜ「反日韓国に未来はない」のか』（二〇一三年）の中で次のように書いている。

最もすさまじかったのが、朝鮮戦争中（一九五〇年六月～五三年七月）に起きた一連の大量虐殺事件である。

これは李承晩大統領の命令を受けた韓国軍と警察が、共産主義者として収監・再教育していた者たちを危険分子として家族を含めて多数殺害し、パルチザン殲滅《せんめつ》の目的で共産主義者に協力したとされる村々の住民（老若男女を問わず）を多数殺害した事件である。死者数は総計数十万とも一二〇〇万に上るともいわれる。

呉善花は具体例を書いているが、米軍の関与は実に巧妙に隠している。パルチザン（遊撃組織）殲滅は米軍と韓国軍の共同作戦である。もう一度、韓洪九の本から引用する。

民間人虐殺の事実と同じくらい酷《むご》いのは、全国津々浦々で一〇〇万人余りの犠牲者が発生したにもかかわらず、われわれがこの虐殺に対して知らないふりをするか、本当に知らないまま半世紀をすごしてきた点です。同じ空のもと、このような酷い出来事が埋もれたままになっている事実に背を向け、あるいはまったく知らずに、われわれは食べて飲んで寝るという日常生活をしてきました。数十万人の死に五〇年間も背を向けてきた韓国社会の構成員全員が、虐殺それ自体ではなくとも虐殺隠蔽の協力者になったことで、人間としての道理をはたすことはできなかったのです。虐殺の嵐が広く全土を覆ったこの地で、被害者も加害者も、遺族はもちろんのこと、韓国社会のすべての構成員は皆まともな人間ではあり得なかったのです。虐殺とはまさにこのような問題であり、われわれが再びこの地で虐殺がおきないように努力しなければならない理由もそこにあるのです。

日本流に表現すれば「寝た子は起こすな」ということか。韓洪九は「訊くな、痛い目にあうぞ」

共産分子として逮捕されるパルチザン

と書いている。韓国がその歴史を改竄しようとしていると同時に、日本も同じことをし続けている。太平洋戦争がどうして起きたのかさえ、国家は歴史の真実を隠蔽したままである。しかし、韓国の場面は「訊くな、痛い目にあうぞ」が今も生きている。

キリスト教と虐殺とは深い親和性がある

一九四五年九月、アメリカ軍が韓国に進駐してきた。韓国のキリスト教徒は日本の統治から解放されて信教の自由を得た。

日本の皇民化政策でキリスト教徒は激しく束縛されたため、アメリカの宣教団は次々に朝鮮半島から離れていった。しかし、日本の敗戦後、再び彼らは韓国に還《かえ》ってきた。そして、アメリカ軍に日本統治時代の情報を提供し、軍政庁の中核となっていく。特に通訳としても活躍する。李承晩というキリスト教徒を大統領に仕上げていったのも宣教団の力である。

アメリカは民主主義とキリスト教を同一視していた。マッカーサーはアメリカ国務省に、日本のみならず韓国にも宣教師の派遣を要請していた。彼ら宣教師は軍政庁の中に入っていった。また、植民地時代に日本を脱出した学生たちが、韓国に戻り、李承晩のもとで政治活動に身を投じていった。彼ら留学生やアメリカに逃げた反日運動家のほとんどはキリスト教者であった。朝鮮戦争前から、キリスト教徒たちが政治の現場にいたのである。キリスト教信者は十万～二十万人ぐらいだったが、すでに韓国はキリスト教国家であった。そのキリスト教国家の指導者たちが、同じキリスト教徒のアメリカ軍政局の責任者たちと、百万人単位で自国民を虐殺したのである。

なぜか？　その答えは、キリスト教そのものの中にある。キリスト教は「民族淘汰」の宗教である。自然淘汰とは、環境に適応する生物だけが生きのこり、適応できないものだけほろびること、である。だがキリスト教は、人工淘汰の宗教である。この世に生きるべきでない人間どもを適応不可能と認定し、人工的に抹殺せんとする宗教である。人工的淘汰の究極形が民族淘汰である。

この考えは旧約聖書を読めば誰でも納得するであろう。朝鮮戦争は民族淘汰の戦争であったと結論することができる。三十八度線で強引に二つの国家をつくり、一方は民主主義国家（＝キリスト教国家）とし、もう一方を共産主義国家とした。だれがしたのか？　アメリカである。アメリカにイギリスが加わったともいえる。

韓国内の共産主義者たち、共産主義者の可能性がある者たち、改心した元共産主義者たち、そして彼らの家族は、人工淘汰の対象となった。よって、北朝鮮軍と中国義勇軍が南朝鮮に侵入し、本格的戦争が始まった後も、この人工的淘汰による虐殺は続けられたのである。

私は「恨」は、朝鮮戦争後に一段と根深くなったと思っている。宮塚利雄の『「北と南」をつなぐアリランとは何か』（二〇〇〇年）から引用する。

崔氏の、伴奏のない生の張りのある声をまぢかに聞くことができた幸せは、筆舌に尽くせない。ただ陶酔して聞き入ったというのが正直な感想である。三曲唄ってくださったなかで、二番目に唄われたのが次の歌である。

三六年間咲くことができなかった　無窮花の花は
乙酉年　八月一五日に　満発（満開）でしたね
（中略）アリランには、日本の植民地支配に抵抗する歌や祖国解放の歌が多いので、別に気にはしなかった。

この歌は『旌善アリラン』の郷心編に収められている。注釈として「三六年間の、身の毛のよだつ、日帝の圧迫からのがれ、民族解放と祖国光復の喜びを唄い、光復の喜びも束の間に国土両断した民族的悲運を恨嘆し、国土統一を念願した歌（崔鳳出作）」とある。

前出のアリランの歌を見て、「国土統一を念願した歌」に見えるであろうか。朝鮮戦争を歌ったアリランの歌を表現する自由さえも、韓国の人々は失っているのではなかろうか。

朝鮮戦争の後にキリスト教が大発展した理由について、神学者・柳東植《リュウトンシク》は『韓国のキリスト教』（一九八七年）の中で次のように書いている。

ただキリスト教のみが、解放とともに活気をおびていった。その原因として、（1）キリスト教は仏教と違って日本帝国主義の弾圧の対象であった。それゆえ日本帝国主義からの解放はすなわちキリスト教の解放と同じように感じられていた。（2）解放を招いたのは西欧勢力であり、彼らの背後にはキリスト教が控えていた。アメリカの文化が洪水のように押し寄せるとともに、キリスト教が活発化したのは当然である。（3）執権層が直接キリスト教を庇護していた。

李承晩大統領をはじめ政府要人の四〇パーセントがクリスチャンであり、初期の大韓民国はあたかもキリスト教国家になったような雰囲気のなかにいた。軍隊にはチャプレン（軍牧）制度が設けられ、クリスマスは国家行事でもあるかのように、にぎわった。

解放とともに、日本統治下で破壊された各教団・教会機関が再建されはじめた。一方、朝鮮戦争と前後して北朝鮮にいた多くの信徒が南下するようになって、韓国のプロテスタント信徒の数は急増した。解放当時、約二〇万人と萎縮していたが、五三年には五〇万人を超えるようになり、不幸で不安な社会のなかでも教会は成長することができた。

右の文章を読んでキリスト教の拡大が偶然ではないことが分かるのである。「解放当時、約二〇万人と萎縮していたが、五三年には五〇万人を超えるようになり」とは、朝鮮戦争中に信者が倍増したことを示す。一方、百万人以上の反体制の人々が虐殺されたのである。人工的淘汰に遭っている。その大虐殺を無条件でキリスト教信者は支持し続けたのである。

アメリカ軍政庁と李承晩政権下の軍隊には不思議な関係がある。アメリカは李承晩に十万人ほどの軍隊を与えた。装備はすべてオンボロであった。李承晩はそのオンボロ軍隊を三十八度線を越境させ北朝鮮軍を挑発し続けた。そしてついに、金日成が強力な軍隊を進攻させると、李承晩とその軍隊は一目散に逃げ続けるのである。

ハルバースタムの朝鮮戦争を記した本を読むと、北朝鮮軍と韓国軍が交戦する場面はほとんど出てこない。では、韓国軍は何をしていたのか。彼らは自国民を虐殺し続けていたのである。なぜか？　アメリカが韓国を自由自在に操る国家に仕上げるためである。

ここで一つの問題を解決しなければならない。アメリカへの非難の声が上がらなかったのかということだ。そのためにこそ、アメリカは宣教師を大量に韓国に入れて、キリスト教を信じない人々を非人格者として韓国軍に虐殺を命じたのである。〝恨の歌アリラン〟も朝鮮戦争を歌うことを禁じられた。恨のすべては、日帝支配時代までとなった。韓国語で天のことを「ハヌル」といい、天上の最高神を「ハヌニム」というとすでに書いた。キリストもハヌニムである。韓国人はキリストをハヌニムといい、同じ調子で彼らの天上の最高神を祈っているのではないのか。民族の淘汰を完了した宗教は、選民思想を生む。

私たち日本人は、彼らの選民思想に迷わされている。しかし、この思想が生まれてきた歴史的過程を知ることなく、反韓論をぶつだけでは問題は解決しない。

韓国人は「東洋のユダヤ人」である

選民思想とは何か？　自らが神に選ばれた人であるとする人々の集合体が創り出した思想である。この思想の根元を溯ると、ユダヤ人の思想にたどりつく。朝鮮戦争以後、韓国の人々は自分と考えが違う人や自分の気に入らない人に対し、共産主義者、すなわち、アカのレッテルを張ってきた。キリスト教が大きな勢力を占有するなか、守旧勢力が特にアカ追放を叫びだした。しかし、守旧勢力が追及したアカは、社会主義的発想を持つとされた。このアカ追放の延長線上に、自由民主主義の基本的な思想も排斥されてきた。その上に忌憚《きたん》のない意見をいえば、彼らは歴史問題に介入した。即ち、「都合のよい歴史こそが歴史である」ということである。これはユダヤ人の思想と全く同じ着想である。もっとやさしく表現するならば、選民思想を韓国人が朝鮮戦争後に持ったのである。

私たちは、「東洋のユダヤ人」として韓国人を見なければならない。この視点に立って韓国を見ると、竹島問題も従軍慰安婦問題もその謎が解けてくる。

もう一度、浅見雅一・安延苑の共著『韓国とキリスト教』から引用する。朴正煕《パクチョンヒ》はクリスチャンでないことを知った上で次の文章を読んでほしい。

一九六一年の五・一六クーデターによって朴正煕が政権を掌握した。これ以降が軍事政権の時代になる。軍事政権下でも、キリスト教会は拡大を続けていった。この頃のキリスト教の拡大を示すものに、国家朝餐祈祷会《ちょうさんきとうかい》の発足がある。これはキリスト教の礼拝であり、韓国大統領も出席する政治家たちの行事として現在まで続いている。その時の大統領がキリスト教の信者であるかどうかに関係なく、その礼拝は毎年行なわれている。

一九六五年二月二七日、当時の与野党のキリスト教の信者たちが参集したことが、この祈祷会のそもそもの始まりであった。三年後の一九六八年、当時の大統領朴正煕（一九六三―七九年在任）が出席したのを契機として「大統領朝餐祈祷会」と名付けられ、新たな制度として正式に発足した。朴正煕はキリスト教の信者ではないうえに、キリスト教に必ずしも好意的ではなかった人物として知られている。第八回からは「年例国家朝餐祈祷会」と名称を改め、以後は年例行事として継続した。

韓国は、憲法に政教分離が明示されている。それにもかかわらず、今日まで継続して、国家朝餐祈祷会が行われている。なぜか？　答えはいたって簡単である。朴正熙への踏み絵なのである。朴正熙は、一九四〇年二月一日に施行された「創氏改名」で、「高木政雄」、そして「岡本実」とも名乗った。彼は日本の陸軍士官学校出の軍人、しかもキリスト教徒ではなかった。朴は日本人脈を持っていた。韓洪九は『韓洪九の韓国現代史』の中で韓国軍について次のように書いている。

朝鮮戦争の当時に一敗地にまみれて、たった三日でソウルを放棄したことなどがその代表的なものです。警察と軍が親日人脈をそのまま温存した集団であることは、いまではあまりにもよく知られた事実ですので、ここであえて軍の親日人脈に触れる必要はないと思います。朴正熙時代の陸軍参謀総長や合同参謀会議議長に、日本陸軍士官学校や満州軍官学校の出身などの明白な親日経歴を持つ者より、当時、一般的に日帝による強制動員の被害者と見なされていた学徒兵出身者を多く採用したのも、軍の親日色を少しでも薄めようとする試みだったと言えるでしょう。しかし、一つ興味深い事実は、一九九〇年代になって、軍の歴史をまるで韓国軍が光復軍（独立軍）の正統性を継承したかのように記述していることです。

アメリカにとって朴正熙は危険な政治家であった。アメリカは彼に反日教育を取らせるのである。

もう一度、韓洪九の本から引用する。アメリカ軍の犯罪について書いている。

一九五〇年代から一九六〇年代中盤まで、米軍の犯罪をはじめとする米国に対する批判的な記事を新聞や雑誌から見つけるのはそれほど難しくありませんでした。ところが、朴正熙が兵営国家の建設を本格化させ、維新時代に入ると、米国に対して批判的な記事や米軍犯罪に関する報道は新聞から消えてしまいました。実直なジャーナリストたちを虐殺した維新時代、『朝鮮日報』の編集人だった金大中《キムデジュン》（大統領になった金大中とは別人）のような人物がますます勢力を強めるようになり、もっとも敏感に社会問題を伝えなければならない言論界は、後天性反米欠乏症患者たちのせいで荒野のようになってしまいました。

韓国から親日感情が消え、「後天性反米欠乏症患者」が増えていくのは、アメリカという国家がメカケ国家・韓国の自由を束縛し続けた結果なのである。反米感情が反日感情へとすり変えられたのである。この時代から反日教育が徹底しだすのである。呉善花はそんな時代に受けた反日教育について、『「反日韓国」に未来はない』（二〇〇一年）の中で次のように書いている。

私は反日教育を徹底的に受けた世代です。小学校の教室の真ん中には大統領の大きな写眞が掲げられ、その両脇には「反共」「反日」と大きく書かれたポスターが貼られていました。「反共」の「共」はいうまでもなく北朝鮮のことです。そして、共産主義がいかに邪悪で危険な思想であるかを徹底的に教えられます。また「反日」については、日本人が韓国人に対してどれだけ悪いことをしたかを教えられます。

たしかに、日帝時代の日本は韓国に対して悪いこともした。そのことを私は書いてきた。しかし、良いこともたくさんした。ではアメリカはどうか。日本の数十倍以上の想像を絶する悪いことをした。そして、良いこととは、絶望の底に突き落とし、飢餓線上の人々にアメリカの余剰食糧を与えただけである。そして、キリスト教という「民族淘汰」の残酷極まる宗教を与えただけである。

「漢江の奇跡」と称されるほどに、朴正煕大統領の時代に韓国は急速な経済発展をとげた。朴正煕大統領は陸軍士官学校時代のルートを使い日本に接近し、一九六五年に「日韓基本条約」を結んだ。このとき、日本側は韓国に八億ドル（無償供与三億ドル、有償貸付二億ドル、民間借款三億ドル）の経済援助を行った。当時の韓国の年間国家予算は約三・五億ドルであった。

人的支援もした。多くの技術者が韓国にわたり、高速道路、上水道、地下鉄の建設に従事した。そして韓国が復興していくのである。しかし、韓国民はこの日本の貢献を知らなかったのか。知らされなかったのである。なぜか？　ここでも疑問の声を上げなければならない。

一九六五年、アメリカは日韓基本条約の締結を前にして、韓国が親日国家になるのを防ぐために、朴正煕に反日教育の徹底を迫ったのである。そして、米韓相互防衛条約なる軍事同盟条約を結び、地位協定（米韓ＳＯＦＡ）によってアメリカ軍の軍事裁判権に対する実質的な管轄権を保障させるのである。反米感情を圧《おさ》えるとともに、親日派排除を狙ったのである。その上で、アメリカは韓国軍のベトナム派兵を要請した。朴正熙はこの強制的な要請を受けた。

■韓国軍がベトナムで犯した虐殺劇

アメリカが日本とともに「漢江の奇跡」のために経済復興費の一部を負担してやると朴正熙に迫ったゆえ、朴正熙は韓国軍をベトナムに送りこんだ。

『ベトナム女性を輪姦後に焼き殺し　混血児『ライダイハン』を残した韓国軍の蛮行』（月刊「サピオ」二〇一三年十二月号）には、韓国の週刊誌「ハンギョレ21」一九九九年五月六日号の記事が転載されている。

66年1月23日から2月26日までの1か月間、猛虎部隊3個小隊、2個保安大隊、3個民間自衛隊によってこの地域だけで計1200人の住民が虐殺され、その中には1人残らず皆殺しにされた家族が8世帯もあった。（中略《原文ママ》）生残者の証言を元に韓国軍の民間人虐殺方式を整理してみると、いくつかの共通したパターンが見られた。○子供たちの頭や首を切り落とし、手足を切断して火に投げ込む○住民をトンネルに追い詰め毒ガスで窒息死させる○女性たちを次々に強姦したあと殺害○妊婦の腹から胎児が飛び出すまで軍靴で踏みつける。

朝鮮戦争前後、同国民を殺害したアメリカ指導の殺害方法であった。神（キリスト）に選ばれし人は選民となり、神を信じない人々をいかなる方法で殺しても罪にならないとローマ法王は説教し続けた。一四九二年、コロンブスがアメリカ大陸を発見して以来、約三百～三百五十年の間に、アメリカ大陸にいた数億人のインディアンたちが「民族の淘汰」ゆえに、ほとんど殺害された。簡単に表現するならば、「選民思想」がベトナム人を死に至らしめたのである。

諸々の反韓論を読むと、韓国人が常軌を逸しているのがよく理解できる。しかし、「なぜか？」を問う本は一冊もない。ただ、ひたすらに韓国への悪口で終わっている。敗戦後の日本に「こんな女にだれがした」という売春婦（パンパン）の歌が流行《はや》った。私たち日本人は「こんな韓国人にだれがした」と問うことから始めなければ、反日論に固執する韓国人の心を理解しえないのである。もう一度、「サピオ」の記事から引用する。

韓国『釜山日報』によると、現在、ベトナムにいるライダイハンは最大3万人と推計される（諸説あり、数千人とする指摘もある）。その多くは戦争終結後、ベトナムに流入した韓国人ビジネスマンと現地女性の間に生まれた子供と言われているが、韓国兵のレイプにより生まれたライダイハンが少なからずいるのは事実だ。レイプされた被害者数はその何百倍、何千倍にも及ぶ可能性がある。

朴正熙の長女が現大統領の朴槿恵《パククネ》である。彼女は、二〇一三年三月一日、独立運動記念式典で「加害者と被害者という歴史的立場は千年の歴史が流れても変わることはない」と演説した。朴槿恵もアメリカの影におびえているのだ。

ハイエク&フリードマンの経済思想と「反日」

韓国は朴正熙大統領の二度にわたる五カ年計画のもとに経済が急速に成長していった。朴正熙をはじめ、親日派の軍部がこの計画の推進者となった。朴正熙は日本の資本の投資を積極的に受け入れた。かくて貧乏な後進国からしだいに脱皮していくのである。第一次経済五カ年計画の期間中には七・八パーセントの経済成長率に達し、五〇年代の一人あたりのGNPが七五ドルであったものが一〇三ドルに達した。第二次計画年度には、一〇・五パーセントの成長率となった。

しかし、朴正熙大統領は、日韓協定に対するキリスト教徒たちの猛反対を受け続けるのである。

朴正熙と朴槿恵父娘

彼らは「政治的妥協を急いだ」として民族的良心を楯にして、日韓協定の破棄を叫び続けたのである。なぜか？　ここでもアメリカの影が見える。彼らキリスト教徒たちは、「過去の歴史に対する精神の整理をしてから日本とつきあえ」と叫んだのである。今日の反日の萌芽が見えてくる。

その一方で、ベトナムへの軍隊派遣については沈黙を守り通すのである。キリスト教徒たちはアメリカから援助を受け続けて信者を増やしていく。つまり、アメリカは日韓協定に反対しようとしたのである。

日韓協定が結ばれた一九六五年、アメリカの全面的な協力を得て、キリスト教徒たちが全国福音化運動という教派連合運動を展開するのである。プロテスタント信者数は一九六〇年代は倍増し三百万人へとなっていく。反朴正熙大統領をスローガンに政権側と争っていた時である。前述したが、朴正熙は彼らキリスト教徒の熱望を受け入れ、一九六八年に、「大統領朝餐祈祷会」を正式に発足させる。大統領自らがキリストの前に跪《ひざまず》くということは、韓国がキリスト教を国教としたことを示している。浅見雅一・安延苑の『韓国とキリスト教』から再度引用する。

二〇〇八年には開設（年例国家朝餐祈祷会のこと）を迎え、ソウル市内には約四〇〇〇名もの人々が参集している。次官補以上の官僚、国会議員長以下の国会議員、大法官（最高裁判所裁判官）以上の裁判官、さらに各国の在韓外交官も出席することになっている。韓国は、憲法に政教分離が明示されている。それにもかかわらず、国家朝餐祈祷会が現在まで継続していることは、キリスト教の政治に対する影響力を顕著に示す実例であると言えよう。

韓国の政治、特に米韓関係においてキリスト教徒でなかった朴正煕は、キリスト教、特にプロテスタント教会の対米交渉力に大きく依存していったのである。

一九七〇年代に入ると韓国は世界史の中で「コリア」として登場する。特にベトナム戦争への兵士と労働力の輸出がコリアの名を世界に広めた。また、アメリカへの移民が、特に就業移民が増えていった。アメリカが韓国を世界へと進出させたのである。こうした経済発展の中で、民族の運命を自立精神をもって決定すべきであるという新しい民族主義が生まれてきた。その中で自由と平等が叫ばれた。この人権確立運動がキリスト教徒たちを中心に展開された。

韓国のキリスト教は一九八〇年代に大きく飛躍した。一九七〇年には約三百万人であった信者数が、一九八〇年には七百六十三万人となった。韓国各地に超巨大な教会が多く建てられていった。何が起きたのか？　経済成長とともに、キリスト教の大飛躍とともに韓国人の心が変貌していったのである。

韓国教会の大型化にはアメリカ教会の影響が見られる。宣教師の大半はアメリカから派遣された。朝鮮戦争後のアメリカ軍の統治の後にその影響力がはっきり見られた。プロテスタント教会は、アメリカでも韓国でも政治的なイデオロギーによって分裂と再編を繰り返してきた。そうして教会が巨大化するにつれ、教派不問、すなわち、キリスト教を説くのではなく、ただただ大規模な宣伝活動を行い、信者数を激増させることに専心するようになった。ここから「ポジティブ・シンキング」が生まれてきた。この思想は「教会が大きくなるのは、その精神が大きいからである。事業を始めようとする人は、十分に努力すれば、いつか大成功すると考えるはずだ。これこそが夢だ」というなかにある。

昨今、韓国ではアメリカ同様に「牧師企業家」が大量に出現している。人々は教会で罪についての牧師の熱弁を聴く代わりにポジティブ・シンキングについての講義を受けている。「積極的に、肯定的に、人生を考えろ。そうすれば成功への道が開かれる」というわけである。

これはアメリカの思想家にして経済学者であるフリードリッヒ・ハイエク、ミルトン・フリードマンの新自由主義そのものである。今、韓国の教会では、現世の祝福、すなわち、現世利益の肯定が説かれている。キリスト教を信じればすべてがよくなると説教され続けている。現世利益を追求する宗教心がポジティブ・シンキングの中心となっている。宗教と現世利益が深く結びついて以来、韓国人は顕著に、都合の悪いことを無視したり、捨て去ったりするようになった。

現在進行中の韓国政府の対日政策も、このポジティブ・シンキングの面からほぼ百パーセント説明できる。二〇一二年八月十日、李明博《イミョンパク》大統領（当時）は竹島に上陸した。その四日後に李明博は次のように語った。

日王〔引用者註：日本の天皇〕が「痛惜の念」などというよくわからない単語を持ってくるだけなら、来る必要はない。韓国に来たいのであれば、独立運動家を回ってひざまずいて謝るべきだ。

李明博は彼の一族が彼の権威を利用して大金を稼いでいた。それが露見して、彼自身も大統領辞任後に一族の者と同様に逮捕される可能性が生じた。そこで李明博は「日帝」を手玉にとるという博打を打った。これがまさしく、ポジティブ・シンキングである。「自己の利益のためなら、国家を犠牲にしてもかまわない」という思想である。この思想を韓国のメガ・チャーチの牧師たちが説いている。ここにメカケ国家・韓国の悲劇がある。

中国のメカケ国家となり、日本のメカケ国家となり、ついに世界最強の国家アメリカのメカケ国家となった韓国は、「民族の淘汰」を第一目標と掲げるユダヤ民族の支配するアメリカの属国となった。そして、キリスト教原理主義を受け入れたのである。哲学者シュペングラーは『西洋の没落』の中で、人間の歴史を春夏秋冬の中にあてはめた。日本では道元禅師が『正法眼蔵』の中で同じように論じた。育ち、花開き、枯れゆく植物の発芽から凋落までの過程と同じように、人間の歴史も

韓国のカトリック信徒の精神的シンボル、ソウル市内の小高い丘に聳える明洞大聖堂

同じような過程をたどるのである。

国家が形而上学的なものとなり、科学的なものを生み出し、文明・機械を発達させた。その過程で独裁的な権力をも生み出した。ついに人間の歴史は没落する運命から逃れられなくなるのである。

韓国は、シュペングラー流にいうならば『韓国の没落』そのものの歴史をたどっている。独裁的な権力とは、韓国を支配している「キリスト教原理主義」である。その主義の思想の中心にあるのが、御利益主義である。そして、ポジティブ・システムである。

では、韓国人は一九七〇年代の日本の経済援助の後の「漢江の奇跡」を継続しえたのだろうか。確かに、一九八〇年代以降も経済大国コリアの名を世界に轟かせた。しかし、急激な高度成長ゆえに、今、韓国は「滅亡のシナリオ」通りのストーリーをひた走っている。

ほんの一つの例を挙げるだけで十分である。あの巨大企業サムスンが倒産の危機に陥っている。なぜか？　の問いに、キリスト原理主義を盲信した経営方式に答えがあるとみる。簡単に言うならば、サムスンは「選民思想」ゆえに没落の運命にあるのだ。

国際金融家たちはキリスト教原理主義思想の持ち主が大半である。キリスト教という宗教を通して韓国と太いパイプを持っている。サムスンは、国際金融家たちから資本を導入しつつ事業を拡大してきた。彼ら金融家たちが株式の約四七・五パーセント（二〇一三年八月現在）を握っている。韓国企業というのは名ばかりである。サムスンの概要を知るために『週刊エコノミスト』（二〇一四年二月四日号）から引用する。

グループの社員数は約20万人、生産拠点は65カ国、販売拠点は130カ国に置く。グループ全体の売上高は、韓国のGDP（国内総生産）の約20％を占め、主力企業のサムスン電子の株式時価総額は、韓国株式市場の時価総額の25％を占める。輸出額でも全体の24％を、その資産規模は、韓国全体の3分の1を占めるという計算もある。（中略）サムスングループの中核企業、サムスン電子の業績は、売上高が228・42兆ウォン（約23兆円）、営業利益は36・77兆ウォン（約3・7兆円）となっている（1月上旬に発表した暫定値）。前年比ではそれぞれ13・6％、26・6％増となった。

現在、同社の最大の収益源はスマートフォンなど携帯端末の売り上げで、全体の7割を占める。2013年第3四半期決算では、同部門の売り上げ、営業利益ともに全体の6割超を占めるなど、突出した事業構造になっている。

右の文章を読んで「サムスン、危うし」と考える人は相当の経済通である。私はこの本を書こうと決めたときから、サムスンに注目し続けてきた。なぜか？　サムスンに、キリスト教原理主義を、ポジティブ・シンキングを、そしてなによりも拝金思想を見るからである。

サムスンは携帯端末の売り上げで全体の利益の七〇パーセントを挙げている。この携帯端末がその売り上げを落としつつある。なお悪いことには、未来事業といえるものがない。世界市場を狙える次世代の商品がないことが、サムスンの未来を暗くしている。拝金思想に深く染まった大部分の韓国民は反財閥感情を持ち始めている。サムスンの株価は日に日を追って下がっている。営業利益も減益となってきた。

韓国経済の終わりが、すでに始まっている。サムスンが発表した二〇一三年一〇月～一二月期の決算データによると、本業の利益を示す連結営業利益は、ほぼ二年ぶりの減益となる前年同期比六パーセント減の八兆三〇〇〇億ウォン（約八一〇〇億円）であり、前期比では約八パーセント減となっている。

なぜか？　と読者は疑問に思うであろう。なぜ、サムスンと「反日」とが関係があるのかと。

サムスンの没落は、韓国そのものの没落なのである。朴槿恵大統領が反日の発言を連発し続けるのは、韓国の没落を目の前にしているからである。サムスンの没落していく様相を見ると、反日感情はますます激化してくる。韓国の人々は一九六五年の日韓条約以降、繁栄の道をひたすら突進した。だが今、他国、特にアメリカ資本が韓国を去ろうとしている。未来の構図が描けなくなった。サムスン共和国の没落が見えてきた。そして同時に韓国の没落も見えてきた。春に花が咲き、冬に散るように、ごく自然の理で、韓国は、その経済は滅びていく。いたずらに反韓論を説くだけでなく、韓国経済失速の現場に立って、日本はいかなる道を歩んでいくのかを真剣に考える時が来たようである。

■――幇間国家・日本はメカケ国家・韓国とどう付き合うべきか

私たちの国がどうして幇間国家なのかと疑問を持ったままの読者に、最終章近くになって少々弁明をしておきたい。

幇間国家とは私の造語ではない。林秀彦の『憎国心のすすめ』からの引用文の中にあったものである。もう一度引用することにする。前後の文章を一部追加する。

人間の名誉・尊厳を自覚するのは知性の働きなのだ。

尊厳の言葉を知らないジャップは、民族幇間（男芸者・太鼓持ち・おべっか使い・ゴマすり・オベンチャラ・追従家・媚びヘツライ・自尊心カラケツ・阿諛追従・オモネリ・卑屈）である。同国民として、見られたザマでなく、チョームカである。

理想としての人間像——。

このイメージが、完全に払底している。

私はこの文章から幇間国家・日本という言葉を創作したのである。たいした創造ではないが、正直、この造語を面白いと思っている。

「理想としての人間像」が韓国の反日行動に対して登場してはいないだろうか。反日運動に対しては徹底的に戦えという人は、「理想としての人間像」にふさわしいのであろうか。また、韓国に対して徹底的に無視の態度で臨めと説く人がいるが、彼は「理想としての人間像」にふさわしいのであろうか。

いろいろと思いをめぐらしている時に、西尾幹二の「『十七歳の狂気』韓国」（月刊「WILL」二〇一四年一月号掲載）を読んだ。少し気になることを彼は書いていた。

このところ、日本のメディアは韓国論で大いに沸いているが、右に見た切迫した政治情勢を念頭に置いて議論を展開しているだろうか。韓国の国会のなかには北のアジトが出来上がっている。統一部長官、大統領安全保障補佐官、国防長官という三つのポスト、これは対北朝鮮政策の中心的役割を果たすポストであるが、ここに盧武鉉、李明博政権のときと同じ人物が起用されている。韓国の国内政治は、すでに北の手によって内堀を埋められている。

あまつさえ、アメリカが要求する日韓防衛協力協定の締結を韓国政府は拒否している。もちろん、中国の強い干渉による。アメリカは手を焼いている。いわば韓国は北の思う壺に嵌《はま》ってしまっているのだ。

なぜ韓国がここへきて過度の反日に傾いているかの理由の一つに、南北のこの切迫した情勢が関係している。

文中、「右に見た切迫した政治情勢」とは、北朝鮮が中国流の改革開放路線を取るか、それとも韓国が共産路線を取るかの選択を迫られていることをさす。今、韓国は中国寄りの政策を取ろうとしている。そこから、反日が燃え上がっている。この韓国にアメリカが日韓防衛協力協定を結べと迫っている。朴槿恵大統領はいたずらに反日を煽っているのではない。反日を煽らなければならない立場に立っているのである。その点を全く無視して、日本の識者の多くは、反韓論、嫌韓論、悪韓論、呆韓論、暴韓論……を展開して騒いでいる。

西尾幹二の論文を掲載した「WILL」の同じ号に、重村智計の「朝鮮半島通信　VOL72」が載っている。

だが、韓国の「慰安婦問題」「日本企業への賠償訴訟」などの「反日」は、それで終わるわけではない。全ては「正統性」の価値観と北朝鮮に繋がる「韓国左翼」の存在にある。朴大統領はこの国内事情を十分に理解しているからこそ、日本に好意的な姿勢を取れない。だが日本は、この「反日」の根源を理解していない。

朴大統領が日本に「正しい歴史認識」を求める理由は、左翼勢力の攻撃を避けて左翼潰しに勝利するためだ。

朴大統領の父・朴正熙元大統領は、クーデターで政権を奪取した。そのため、「正統（当）性のない指導者」として、韓国の左翼からいまも攻撃されている。

私たちは一方的に、朴槿恵大統領を「バカ！　マヌケ」の言葉で片付けてしまう。しかし、朴大統領は決して「バカ！　マヌケ！」ではない。彼女は韓国内の左翼勢力と闘っているのである。この親北勢力の「左翼」について、「反韓論者」は一切書かない。ストーリーをシンプルにして、人々の心を一方的に煽るのである。

私は北朝鮮についてほとんど書いてこなかった。重村智計の『北朝鮮データブック』を一度引用した。彼の本を読むと北朝鮮のことが分かる。一方的な「反日論」の本を読み続けても韓国の真実は見えてこない。続けて、雑誌に掲載された彼の文章から引用する。

先進国で、左翼が生き残りの勢力を保つのは韓国だけだ。

韓国の左翼とは、北朝鮮を支持する勢力である。彼らは独立後、一貫して「韓国には国家としての正統性はないが、北朝鮮にはある」と主張してきた。この主張は、韓国ではかなりの説得力がある。この論理こそが、若者や学者、知識人、ジャーナリストらの一九五〇年代から続く「対北コンプレックス」の正体で、「反日」の源泉である。

慰安婦問題も、竹島問題も、この視点から見ないと片手落ちなのである。私は、左翼の面からではなく、アメリカという面からこの本を書いてきた。しかし、北朝鮮を支持する韓国内の左翼勢力については、ほとんど書かずにきた。だから今ここに書いている。韓国の独立については書いた。北朝鮮に言わせると、独立闘争をしたのは北朝鮮で、韓国ではないと主張している。私はこの見解は間違いであるとの説を立てた。しかし、今の韓国ではかなり多くの若者たちが反体制運動を支えている。

韓国の歴史認識も、国内左翼の影響を受けている。「親日派」という烙印を押された学者たちは学界から追放され続けている。日本の左翼勢力が韓国の左翼勢力に協力してきた。韓国の左翼勢力は北朝鮮というファシズム国家がその姿を見せはじめたがゆえに、近い将来その勢力が衰えていくとみる。

韓国の歴史認識はゆっくりと変化すると私は思っている。今、最も大事なことは、韓国の苦悩を理解し、北朝鮮寄りの左翼勢力に対抗する勢力を味方につけることではないのか。経済力が急激に下降している韓国にいかに対応するのかも同時に研究して、その対策を練るべき時が来た。

アメリカの外交と軍事に対しても協同して対策を取ることが望ましい。慰安婦問題も堂々と真実を日本という国家が韓国に伝えねばならない。怒りはやがて鎮まる。そこから、かすかではあれ、友好の道が開ける。

この章の最後に一つだけ主張したい。

「反韓論」一色の知識人に対し、いかなる形であれ、「親韓論」の本を書く若き勇者はいないのかと。未来への挑戦は、悪口ばかり書いたり、言ったりすることからは決してよい結果は生まれない。「反韓論」はすべて、過去へ向かっての悪口である。

幇間国家・日本の知識人たちは、対アメリカを意識せずに、空騒ぎし続ける人々ではないかと提言し、この章の終わりとする。

第八章

韓国崩壊カウントダウン

「火病」が映し出す韓国滅亡のドラマ

韓国には「火病《かびょう》」という病気があるらしい。沈みこんだ気分の人がなにかの調子に一瞬にして火のように燃え上がり、極端な怒りを爆発させるという、韓国人に特有の精神疾患らしい。

私はこの火病の存在を、『だから中国・韓国は嫌われる』（晋遊舎歴史探訪シリーズ別冊・二〇一三年十二月一日号）の中で知り、納得した。あの反日無罪の叫び声も火病の一種なのかと思うようになった。この雑誌に火病を知る記事が出ているので引用する。タイトルは「根無し草は長幼の序を忘却した　日本統治時代を評価した老人を三〇代の男が殺害」である。

二〇一三年九月に、九五歳の韓国人男性が日本統治時代を肯定する発言をしたところ、居合わせた三八歳の男の怒りを買って撲殺されるという事件が発生。老人の杖を奪い何度も頭を叩く様はまさに火病のサンプルともいえる行動パターンだ。問題の男はその時酩酊していたそうだが、老人との会話での何気ない一言が男の愛国心（？）に火をつけた。実際に日本統治時代を目の当たりにしてきた生き証人の言葉を聞く耳持たずに撲殺するとは、儒教の精神が浸透する韓国では考えられない……と思っていたが、韓国のネット上では犯人への擁護論も多く、特に「日本を称賛した者は犯罪者なので殺されて当然」といった殺人を正当化する論調が強いのには驚かされる。もはや法治国家の体すら保っていられないというのが韓国の実態だ。〔引用者

註：この撲殺した青年は懲役五年となった〕

私はこの文章を読んだときから、「反日無罪は火病ではないか」と思い続けていた。この火病について同誌は次のように書いている。とても面白いので引用することにする。

「火病」という用語は、中国・明王朝の頃の漢方医が使用したものであり、その後に李氏朝鮮時代の朝鮮半島へ伝わった。抑うつした感情を爆発させ、一瞬のうちに燃え広がり、相手だけでなく自分も焼き尽くすかのような極端な怒りの発露っぷりは、まさに火の如し。

この韓国人特有の民族性症候群が、韓国人自身の尊厳を著しくおとしめていることを彼らには自覚して欲しいものだ。もっとも、本人たちを前にこのようなことを言えば、火病を誘発するだけだが……。

この雑誌によると、アメリカ精神科協会はこの「火病」を朝鮮民族特有の文化依存症候群として登録しているという。「怒りの抑制を繰り返すことで、ストレス性障害を起こす精神疾患」と定義しているというのだ。私は韓国民がアメリカによって洗脳されたという事実を朝鮮戦争を通して書き続けてきた。このアメリカ精神科協会が火病を精神疾患と定義していることは、いろんな分野から韓国民の調査を総合的にアメリカがなしていることの証しとなる。

幼いときに人を憎む心を強制的に植え込まれると、よほどの例外は別として、一生涯、憎悪の炎が心の中に燃えたぎるのである。その見えない炎が、ある時、ある場所で突然に燃え上がる。これが火病である。ある時、ある場所とは反日の時、反日の場である。突然、反日無罪を叫びだし、異常な行動に移るときに、火病がその姿を現す。

二〇一二年の時点で韓国の小・中・高校生六百四十八万人のうち、百五万人、実に一六％の子供たちが鬱病の兆候や暴力的な傾向を示しているという。さらにその中でも二十二万人が早急に専門家の診断や治療を必要とするという。また、かつては八〇％が女性であったが、近年は男性患者も増加傾向にあるという。

「恨」は女性的であるのに対し、「火病」は男性的である。恨の中には、堪えしのぶ美の意識が内的にくすぶり続けてきた、歴史的な民族の炎がみえてくる。しかし、火病は全く異なった形でその姿を現す。私は現代の韓国の業病である火病は、集団的な精神疾患であり、アメリカにより洗脳されたがゆえと思っている。私はここまで書いてきて、一人の男を想起した。

一九六三年、日本と韓国は国交正常化に向けて動いていた。在日朝鮮人の児玉誉士夫は大野伴睦を動かしていた。この二人の動きの中に、共通の友人であるプロレスラー力道山がいた。力道山は赤坂のナイトクラブ「ニューラテンクォーター」で若い暴力団組員に刺された。一九六三年十二月八日。その一週間後に亡くなった。享年三十九、日本名・百田光浩、本名・金信洛《キムシルラク》。

力道山はその前年、池田勇人の親書を携えてソウルに赴く（一九六二年十二月七日）。以下に毎日新聞（二〇一三年十二月五日付）の記事を引用する。鈴木琢磨記者の手記である。

滞在は4日間だった。最終日の朝、力道山たっての願いで南北分断の象徴、板門店へ向かった。車を降り、北へ、北へ歩き、いきなりコートを脱ぐ。上着を脱ぎ、シルクのシャツも脱いだ。そして厳寒のなか、上半身裸のまま、声を限りに叫んだ。

「オモニー（お母さん）、ヒョンニーム（お兄さん）と叫んだって、秘書から聞いた。そりゃ、行きたかったんだろうね。生まれた北の故郷へ」

私はこの新聞記事を読んで、韓国、そして北朝鮮の悲劇を改めて思った。上半身裸となり、厳寒の中で「オモニ、ヒョンニーム」と叫んだ力道山の姿を想像した。そして思った。アメリカが八百長の朝鮮戦争を仕掛けなかったら、日本が去った領土を朝鮮の人々にそのまま返していれば、数千万の人々に、今のような悲劇はなかったであろうと……。

力道山は三十八度線を前にして、突然火病となったのであろうか。火病という病気は、長い失望の歴史が作り出したものではないのか。「恨」の中で燻《くすぶ》り続けていたものではなかったのか。恨が姿を変えるアリラン峠なのではないのか。アメリカは火病を研究し、それを韓国人を洗脳する過程で応用したのではないのか。毎日新聞からまた引用する。

もう2年もすれば、日韓国交正常化（65年）から50年になる。だが、日韓条約締結で政治決着したとはいえ、いまなお海峡をはさんで感情はもつれにもつれる。まして日朝関係は先が見えない。平壌では政変が起き、猪木さんと会談したばかりの張成沢《チャンソンテク》前国防副委員長が処刑されてしまった。ため息が出る。

今も私の耳にこだまする。鉄原で聞いた金秉秀《キムピョンス》さんの「アリラン」。「ロマンチックだけじゃどうにもならない。結局、権力をもたないとなあ」。そうつぶやいた悲しい顔が忘れられない。

やはり、ここにも「アリラン」が登場する。力道山が行った板門店は、休戦協定を確かめあう会談場のある場所である。朝鮮戦争で新しい境界線が引かれた結果、北朝鮮領から韓国領になる集落があり、逆に韓国領から北朝鮮領になる集落もあった。南北に引き離された家族は現在でも一千万人を超えると言われている。あの三十八度線は国境でなく、軍事境界線である。南北を分断する「アリラン峠」なのだ。

─日韓ナショナリズムの功罪

私は第五章で、日韓は竹島の領有権をめぐって現在も戦争状態にあると書いた。そのことを認識し、平和ボケした日本人になるなかれ、と書いた。しかし、韓国民を、特に在日コリアンを汚い言葉で罵《ののし》る「ヘイトスピーチ（憎悪の言葉）」は、日本人の一人としてすべきではないと思う。彼らへイトスピーチを叫ぶ人々は「ゴキブリ、ウジ虫、朝鮮人。お前らを一匹残らずたたきつぶす」など汚い言葉を叫びつつ、韓国料理店や韓流ショップが並ぶ東京・新大久保で在日コリアンの排斥を掲げるデモを繰り返している。

ナショナリズムはいつもあらぬ方向に進むものである。あのヘイトスピーチは、日本人の一部が「火病」患者になりつつあることを証明している。私たちは、日本人とは何かと問うことから始めようと、私は書き続けているのである。日本の国家と国民について、歴史を学び、考えてみようと私はこの本の中で書き続けてきた。そして、幇間国家の真実の姿を知り、韓国の悲劇の源に迫ってみようと書き続けてきた。

私たち日本人は、集合体としての人間として、この日本列島に住み着いた生き物である。その生き物である人間たちが、朝鮮半島に住む同じような人間を認識することから始めなければいけない。いかなるヘイトスピーチも決してすべきではない。相手が火病に罹《かか》り反日無罪の叫び声を高らかに上げようともだ。冷静さを失った民族国家は滅びるか、衰えていく。

ナショナリズムは決して悪ではない。だが権力側から叫ばれるナショナリズムは時として悪の様相を呈する。しかし、下からのナショナリズムも、ヘイトスピーチのようなものになりがちである。想像力を膨らませたナショナリズムを私たちはもって、歴史を自分の頭で考え、自分の眼で見よ、と私は書いてきた。

そうすれば、「志《こころざし》」を目指すだけのナショナリズムは偽物と分かるはずである。歴史の真実を知ろうとする哲学が真のナショナリズムを生む力となることが分かるはずである。

アメリカが何を狙って、何をなしたかの歴史を学びもせず、日本と韓国の人々は、同一の舞台の上に立って、喧嘩の真似事を演じている。「いいざまだ！」とアメリカが幕の裏から演出しているのに気づきもしない。

日本と韓国は同一舞台を持つ劇場国家に成り下がっている。今、この舞台で演じられている芝居の題名は「三文芝居・民族浄化」である。「くたばってしまえ、日本と韓国」の副題がついている。

反日無罪があるのに、反米無罪がない理由

韓国の「反日」は永久に続くのであろうか。朴槿恵大統領が一千年の恨みを述べたが、韓国の人々はどのように思っているのだろうか。

「中韓同盟10の虚妄」（「週刊文春」二〇一三年十二月五日号掲載）の中に、次なる逸話が書かれている。

韓国に嫁いだ、小学校低学年の子供を持つ日本人の母親が言う。

「うちの子供は幼稚園で『独島（竹島）は韓国領』という歌を歌わされていました。子供に聞くと、竹島は韓国のものなのに、日本が勝手に魚を捕まえにやってきて横取りをしようとしている、と教わっていました。『日本＝悪』と思わせる下地を小さい頃から作っているのでしょう。また、竹島の写真は身近でたくさん使われていて、子供が使う消しゴムにまで竹島の写真が印刷されています」

反日教育は、年齢が進むにつれてエスカレートする。

「小学校高学年になると、一学期ほどを割いて徹底的に日本の植民地支配のことを学ばせます。

日本軍の残酷な行為を具体的に教えるのだそうです。今の担当からは、反日教育を受けることで日本人である母親に対して子供が様々な感情を抱くだろうから、覚悟しておいたほうがいいと言われました」

この日本人の母親の心配事の中に、私は韓国の反日教育がいかに凄まじいものかを知るのである。日本＝悪を子供に教えることは、人間＝悪を教えることなのである。この教育が、火病の原因となるのだ。

「……子供が様々な感情を抱くだろうから、覚悟しておいたほうがいいと言われました」の中に、日本の女性の子供のみならず、韓国の女性の子供も、反日教育によって、未来が暗くなるから前もって覚悟しておけと、幼稚園の先生は言っているのだ。幼稚園の先生は反日教育の恐ろしさを知っている。しかし、国家の大方針に逆らうことはできないのである。

反日教育は対日戦争であると私は書いてきた。戦争にはいろんな戦争があると書いてきた。目には見えない戦争に日本は敗北し続けていると私は書いてきた。竹島を韓国の領土と主張するのは韓国の一方的な主張ではあるが、自国の幼稚園児までに、竹島を通して、日本＝悪を教え込むのは、もはや、国家犯罪ではないのだろうか。

川上和久は「反日プロパガンダ　売られた喧嘩は買って出ろ」（「歴史通」二〇一四年一月号掲載）の中で次のように書いている。

大東亜戦争終結後、アメリカが我が国に対して行った「日本＝悪」の図式を徹底的に刷りこむための情報操作は見事な成功を収めましたが、いままさに、「反日」というかたちで中国・韓国の手で蒸し返されていることでもあるのです。

日本＝悪の論理はアメリカが創り上げたものであることを知るべし、と私は書き続けてきた。だから、朝鮮戦争後に、アメリカは韓国人に、日本＝悪の論理を植えつけて、「反米」を「反日」にすり替えたのだと幾度も書いた。

川上和久は明治学院大学教授である。その大学教授が次のように書いている。

私は居合をやっていますが、「なにかあったら刀を抜くぞ、抜いたらお前らは殺されるぞ」という気合いを見せておくことは非常に重要です。つまり、「デタラメな反日を言いたてるようなことがあったら、日本はただじゃおかない国なんだ」という構えを常に作っておかなければなりません。

私はこの川上和久の意見を正論とみなす。「売られた喧嘩」の処置方法を日本の政治家たちは間違えて今日まで来た。だから、大国であり、一流国であると錯覚した韓国から、二流国家の扱いを受けることになった。そして、いちゃもんの後に銭をせびられる下層国家に成り下がった。

私は「反韓論」の類の本を読み続け、ほとんど絶望的な気分になった。そこに反撃の精神がないのである。やられたら、やりかえす迫力を見出せなかった。
「表では反日、裏では親日」という言葉が現在でも生きている。「漢江の奇跡」を日本の力で成しとげた朴正煕は、徹底的に反日教育をした。私はこの反日教育にアメリカの影響力を見た。ここで、「反米」が「反日」にすり替えられたと詳述した。

その朴正煕は一九七九年十月二十六日に中央情報部（KCIA）長官金戴圭《キムジョギュ》に射殺される。十二月十二日、全斗煥《チョンドファン》が実権を握る（一二・一二粛軍クーデター）。

ここで再び呉善花の『なぜ「反日韓国に未来はない」のか』から引用する。

一九八〇年五月一八日、戒厳司令部は、金大中《キムデジュン》、金鐘泌《キムジョンピル》、李厚洛《イフラク》ら二六人を逮捕、金泳三《キムヨンサム》を自宅軟禁し、政治活動の制限、出版・放送の事前検閲、大学の休校などからなる戒厳布告を発表。五月一八〜二七日、光州《クワンジュ》市で市民・学生が蜂起するが軍による制圧で死者二〇〇人近くを出す（光州事件）。九月一日、統一主体国民会議による間接選挙で全斗煥を大統領に選出。

呉善花は光州事件に触れている。「嫌韓論」の類の日本の識者たちの本には光州事件は全く登場しない。彼らは無関（韓）心である。

クライド・プレストウィッツの『ならずもの国家アメリカ』（二〇〇三年）から引用する。

さらに一九七九年、アメリカは全斗煥将軍のクーデターを後押ししたうえ、全斗煥に韓国陸軍第二〇団（公式にはアメリカの指揮下にある）を使う許可を与えて、八〇年の光州での学生蜂起を鎮圧させた。その過程で、民主主義を訴える数百人もの韓国人が殺された。後に「光州虐殺」と呼ばれるこの事件を、韓国はいつまでもアメリカと結びつけて考えることだろう。

「光州事件」もアメリカの演出なのである。朴正煕は「原子爆弾」を秘密裡に造ろうとし暗殺された。全斗煥はアメリカにより創り出された大統領だった。彼は「反米」を封じ、「反日」政策を遂行し続けたのである。呉善花は、韓国から日本へと国籍を移した。しかし、「漢江の奇跡」を演出したのは日本であるとは一行も書かない不思議な学者である。

韓国では、アメリカ兵がよく犯罪を犯している。しかし、抗議デモは警察により取り締まりにあう。「反米無罪」は認められていない。

黒田勝弘の『韓国反日感情の正体』は一度紹介した。彼は「反米」について次のように書いている。

二〇〇二年、韓国版・沖縄問題といってもいい、米軍装甲車による女子中学生轢《れき》死《し》事件があり反米デモが吹き荒れた。反米・反政府団体は事件の記念碑を米大使館近くの路上（歩道）に設置した。いわば米国非難の反米施設である。位置は米大使館からかなり離れていたが、同じく鍾路区役所の許可の無い不法設置物だった。

しかし区役所当局は反米デモのほとぼりが冷めた半年後には通行の妨げを名分に記念碑を撤

去している。また米大使館周辺での集会やデモを厳しく規制されている。「反米無罪」には決してならないのだ。

「反日無罪」はあっても「反米無罪」はないことを理解すると、韓国がいかなる国家なのかが見えてくる。韓国は一九四五年以来、アメリカの見えざる植民地であることを知る必要がある。この視点に立って、韓国を私は見て、そして真相を追求してきたのである。

なぜ「反日無罪」があるのに、「反米無罪」がないのかの理由を黒田勝弘は書かない。それは一つの謎であるとしか書かない。彼の本からもう一度引用したい。

政治的にはもう一つ、二〇〇二年の米軍車両による女子中学生轢死事件をきっかけにソウル都心を埋めた大規模な反米・反政府デモがそうだ。これも反日ではなく反米の盛り上がりだったが、反米が解禁となったいわゆる民主化以降の韓国社会の変化を物語って興味深い。

この時の反米は結果的にその年十二月の大統領選で左派・革新系の盧武鉉《ノムヒョン》政権を誕生させている。若い世代の圧倒的支持が背景になった。古くからの手垢《てあか》のついた（？）反日より反米が新鮮でカッコよく、やりがいがあるテーマだという時代になったのだ。

右の文章を読むと、「反米」が「反日よりかっこよく、やりがいがあるテーマだという時代になったのだ」と、一種の流行としてとらえられている。一種の流行とは、反米に歴史的背景が全くないということである。黒田勝弘は、反米を一時的流行としてとらえ、私が今までに追究してきた、反日がいかに誕生したかの歴史的背景の中にアメリカがいるという説を否定している。

盧武鉉は反米デモを黙認したが、親日派を内から一掃し、同時に容共を認め、反共派を国内から一掃した。そして二〇〇四年三月に「親日反民族法」を成立させた。この法により、植民地統治時代における親日嫌疑者の調査に着手した。また、この法により、過去に遡って親日派の追及がなされ、その親日派の子も孫も罪に問われ、相続財産は没収されることになった。

この「親日反民族法」と反米デモを見ても、盧武鉉がいかに親米的な大統領であるのかが分かるのである。

李承晩から現在の大統領朴槿恵にいたるまで、「反日」の旗を一時的に降ろした大統領はいたものの、反日教育を中断したり放棄した大統領はいない。朝鮮戦争が終わって以降、延々と反日教育は続いてきたのである。しかし、反米教育は全く存在しない。あの朝鮮戦争さえ、日本の責任論を問う方向に韓国政府は国民を誘導さえした。

全斗煥大統領がアメリカの軍隊の協力を得て大統領になったことはすでに書いた。彼は「克日」政策を取った。この大統領により、日本が故意に歴史を歪曲しているという非難の声が上がりだした。アメリカが韓国でいかに残酷な殺戮を続けたかは、こうした「克日」によってすり替えられた。アメリカの力に屈したマスコミは、朴正熙大統領の時代から、「日帝時代の蛮行」を追及しだした。彼らマスコミも歴史学者も「アメリカの蛮行」を書くことは禁じられた。アメリカの蛮行を一行でも書くと、その記者はマスコミの世界から遠ざけられた。世紀を越えて言論統制がなされ、反日教育がなされ、そして、反日無罪が叫ばれたのである。この歴史の重みを知らなければ、日韓の溝は永久に埋まらない。

毎日新聞（二〇一三年十二月十日付）に、ソウル支局記者・大貫智子の「『過去最悪』の日韓関係」が載っている。

> 日本人を主な顧客とするタクシー運転手（54）の言葉も印象的だった。「現在の50代以上は日本が好きか、嫌いかは半々だろう。しかし20代、30代は7対3で日本が好きだというのが実感だ。時代は変わった」（中略）
>
> 韓国が日本を全面的に肯定する時代が来ると考えるのは過度な期待だろう。しかし、政治的に過去最悪とも言われる中でも「好日派」の存在を日々感じられるのが今の韓国だ。日本にとって貴重な財産だが、十分に日本に伝わっていないと自省する。

この大貫智子の記事を読みつつ、韓国と日本の関係を思った。反日教育は続き、日韓関係は「過去最悪」であることは間違いない。韓国の若者たちは、反日教育にもかかわらず、多くの情報を得て日本を知るようになった。いかに朴槿恵大統領や政治家たちが「反日」を叫ぼうとも、七割の若者たちが「日本が好きだ」と言っているのだ。「反日」は表の顔にすぎなくなっている。大貫智子は次のようにも書いている。

1998年の日本文化開放後、日本のアニメやドラマなどを通じて日本語に関心を持つ人も増えた。韓国の教育統計年報によると、12年の高校の第2外国語学習者は日本語が最も多く、これに次ぐ中国語の倍近い。過去数年間の統計を見てもほぼ同じ割合だ。

朴槿恵大統領は二〇一三年三月に「加害者と被害者という立場は千年の歴史が流れても変わらない」と演説した。私は韓国の「反日」の流れを追究した。そこにアメリカの謀略を見た。そして、川上和久の『売られた喧嘩は買って出ろ』の中の「デタラメな反日を言いたてるようなことがあったら、日本はただじゃおかない国なんだ」という挑戦的な言葉も紹介した。巨大な政治権力であれ、小さい政治権力であれ、不正に対しては果敢に挑むべしと書いた。だから、竹島や慰安婦問題で韓国になめられっぱなしではないのかと。

しかし、ヘイトスピーチの類の行動は慎しむべきだとも書いた。市民どうしの交流は「過去最悪」の日韓関係の中でも進めるべきであると考えるのである。巨大な政治権力とはアメリカである。アメリカは今、世界中でその本当の姿を、「ならずもの国家」の姿を晒《さら》しつつある。

■——「失われた時」を求める韓国人 ■ 終わりに

一九九八年秋に金大中大統領は来日し、記者会見で次のように語った。

不幸な歴史を乗り越えて和解と善隣友好の未来志向的な関係を発展させたい。韓国政府は今後、歴史の問題は持ち出さないようにしたい。

この金大中の発言の中に、未来がほんの少しだけ垣間見える。では、このような言葉を朴槿恵大統領に期待できるのであろうか。それはほぼ絶望的である。

この章を書いている前日（二〇一四年五月二日）に、ソウル市内の地下鉄二号線の上往十里《サンワンシムニ》駅で、停車中の列車に後続の列車が追突するという事故があった。フェリー転覆の大事故の後にまたこのような惨事である。

韓国は日本の援助を受け（ひたすらその事実を隠し続け）、近代化を推し進めた。しかし、急ぎすぎたために、歪《ひず》みが生じた。この歪みを隠すために、「反日」が叫ばれだしたのだ。

日本に追いつこうとした。しかし、あまりにもそのギャップは大きかった。韓国の経済規模は日本の五分の一程度しかない。しかも、国家も企業も、巨大国家アメリカの金融機関からの借金で動いている。

私は前章で、サムスンという大企業について少しだけ書いた。簡単に記すならば「サムスン危うし」である。同じように表現するならば「韓国危うし、国家破綻近し」である。そうした中で、「過去最悪」の日韓関係が進んでいるのである。

一九九七年のアジア通貨危機で韓国は一度、国家破産した。そしてＩＭＦ（国際通貨基金）の援助を受けた。あの時よりもっとひどい国家破産の時を迎えようとしている。国家にも企業にも金が無くなりつつある。多くの外資が韓国から去りつつあるし、一部は完全に韓国という国家を見捨ててしまった。特にアメリカにある投資会社は多く去っていった。日本はどうか。「誰も書かない日韓関係」（「週刊エコノミスト」二〇一四年二月四日号掲載）から再び引用する。

サムスン、ＬＧなど国際的に展開する韓国大手企業グループは、海外市場で邦銀から借り入れ、その他のサービスを受けている。また、韓国の大手行は外貨資金への依存度が比較的高く、邦銀は資金の供給者として重要な存在である。仮に日韓の政治関係の悪化が取引の縮小につながった場合、さまざまな影響が予想される。（中略）しかし邦銀の役割は数字のみでは測れない重要性をもっている。一つは国際的に展開する企業との関係である。サムスンなどの多国籍企業に対して邦銀は外貨での貸し出しやコミットメントライン（融資枠）の提供、為替、決済業務、デリバティブ（金融派生商品）、債券の引き受けや財務戦略のアドバイスなど幅広い金融サービスを提供している。

サムスンがいかに日本の金融機関の支配下にあるのかは、右の文章を読めばわかる。サムスンの資産の半分以上を外資が握っている。その外資がサムスンから資本を引き揚げつつある。また、株価も下降している。

こうした状況にもかかわらず、どうして朴槿恵は「過去最悪」の日本バッシングを続けるのであろうか。一つは、北朝鮮との関係である。これはすでに書いた。もう一つは、韓国の国民性である。過去に、日韓基本条約を締結し、莫大な賠償金を得た。その成功は竹島をめぐる戦争を仕掛けることにより達成した。ならば、新しい戦争を仕掛けて、歴史の清算による賠償金を得ようとするのである。それが「慰安婦問題」のあの騒動だ。

日本は「失われた二十年」を経験した。経済が長く下降傾向にあった。その間に韓国は、自称ではあるが経済大国となった。しかし、サムスンの凋落がはっきりしてきた。他の財閥企業も同様に退潮傾向にある。エコノミスト誌の記事にあるように、韓国の大企業は日本の金融機関の支援がなければ倒産の危機にある。どうして韓国は「反日」を、「反日無罪」を叫び続けるのか。彼らは失われし時を求めて、失われし時の中に、金のなる木があると信じているのだ。

二〇一一年十二月、李明博大統領（当時）は野田佳彦首相（当時）と京都で日韓首脳会談をした。李はこの会談で一九六五年の日韓基本条約の改定、すなわち追加賠償を求めた。しかし、日本は「完全かつ最終的に解決」であるとした。そこで李は竹島に上陸したが日本側は無視した。李の後に大統領になった朴槿恵は、慰安婦問題で一九六五年の基本条約の改定を目指して騒いでいる。「失われた時」の中に大金がまだ眠っていると信じているのだ。

二〇一一年八月、韓国憲法裁判所が「慰安婦問題解決のために韓国政府は日本と協議をしろ」と行政府に問題解決を迫った。朴槿恵大統領はこの裁判所の決定を拠りどころとして日本を悪しざまに罵っている。

アメリカはどのような立場にあるのかを最後に書いておきたい。

「反米」を「反日」にすり替えさせる政策の時代は終わった。軍事力を韓国で維持するだけに集中している。アメリカの金融資本は韓国から撤退しつつある。韓国経済に絶望的な見方をしている。朴槿恵は「創造経済」をスローガンに掲げた。中小企業を支援すると言った。しかし、中小企業の育成政策は何ら取られていない。財閥企業も成長戦略を取らざるをえないが、中国企業に激しく追い上げられて業績は下降傾向にある。

朴槿恵大統領は「日本側は誠意ある措置を取れ」と叫び続けている。過去の清算の見直し、すなわち、「金をもっと寄こせ」と言っているのである。

この本もここで終わるべきであろう。私は国家が過去の清算を幾度も要求すべきではないと思う。一度終えた清算を再度迫る韓国という国家は、未来指向ではなく「失われし時を求めて」、過去へ、過去へとさまよう〝火病〟のクニである。あえて、国家でなく、クニと書いた。この時代遅れのクニは今や消滅の危機にある。しかし、多くの若者たちが反日教育を受けながらも親日を表明している。老害の政治家たちや財閥のオーナーたちの後に新しいクニが、そして新しい国家が誕生してくる希望はある。日本もまた、新しい国家へと変わっていくのであろう。

私は、日本の保守言論が見落としていた史実をこの本の中で書いた。もう一度、最後に書く。「反米」が「反日」にすり替えられたのである。この事実をこの本で追究した。朝鮮半島をめぐる巨大な謀略があったことを読者に伝えようとした。日本人も韓国人も、この事実を知り、未来への指針としたい。

私は一つの希望を日本と韓国の未来に描いている。まずは「真実の歴史」を知り、一歩一歩、新しい未来を建設しようではないか。その一歩を踏み出すために、拙著が役に立てばと願っている。

文中、敬称を略しましたことをお断りします。

【引用文献一覧】

ジョージ・ケナン／松本重治編訳『アメリカ外交の基本問題』岩波書店／一九六五年◉ジョーゼフ・キャンベル＋ビル・モイヤーズ／飛田茂雄訳『神話の力』早川書房／一九九二年◉金両基編著『韓国の歴史を知るための66章』明石書店／二〇〇七年◉饗庭孝典＋ＮＨＫ取材班『ＮＨＫスペシャル朝鮮戦争』日本放送協会／一九九一年◉宮脇淳子『韓流時代劇と朝鮮史の真実』扶桑社／二〇一三年◉長田彰文『世界史の中の近代日韓関係』慶應義塾大学出版会／二〇一三年◉倉山満『嘘だらけの日韓近現代史』扶桑社／二〇一三年◉ウィリアム・ストゥーク／豊島哲訳『朝鮮戦争』明石書店／一九九九年◉林秀彦『この国の終わり』成甲書房／二〇〇六年◉林秀彦『憎国心のすすめ』成甲書房／二〇〇九年◉呉善花『韓国併合への道・完全版』文藝春秋／二〇一二年◉武田幸男編『朝鮮史』山川出版社／二〇〇〇年◉崔基鎬『韓国がタブーにする日韓併合の真実』ビジネス社／二〇〇四年◉薬師寺泰蔵『「無意識の意思」の国アメリカ』日本放送出版協会／一九九六年◉アレン・アイルランド／桜の花出版編集部訳『朝鮮が劇的に豊かになった時代』桜の花出版／二〇一三年◉ジョージ・アキタ＋ブランド・パーマ／塩谷紘訳『「日本の朝鮮統治」を検証する1910－1945』草思社／二〇一三年◉梶村秀樹『朝鮮史』明石書店／二〇〇七年◉ディヴィッド・ハルバースタム／山田耕介＋山田侑平訳『ザ・コールデスト・ウインター朝鮮戦争』文藝春秋／二〇〇九年◉サミュエル・ハンチントン／鈴木主税訳『文明の衝突』集英社／一九九八年◉サミュエル・ハンチントン／鈴木主税訳『分断されるアメリカ』集英社／二〇〇四年◉山口隆『4月29日の尹奉吉』社会評論社／一九九八年◉尹浩根『恨半島　ある外交官の生き方』エネルギーフォーラム／二〇〇二年◉黄文雄『日本を呪縛する「反日」歴史認識の大嘘』徳間書店／二〇〇七年◉黒田勝弘『韓国反日感情の正体』角川学芸出版／二〇一三年◉金学俊／鎌田光登訳『朝鮮戦争　痛恨の民族衝突』サイマル出版会／一九九一年◉大森実『日本はなぜ戦争に二度負けたか』中

央公論社／一九九八年◉ハリー・S・トルーマン／堀江芳孝訳『トルーマン回顧録』恒文社／一九九二年◉キャスリーン・テイラー／佐藤敬訳『洗脳の世界』西村書店／二〇〇六年◉ギャヴァン・マコーマック／鄭敬謨＋金井和子訳『侵略の舞台裏』シアレヒム社／一九九〇年◉ジョン・ガンサー／木下秀夫＋安保長春訳『マッカーサーの謎』時事通信社／一九五一年◉重村智計『北朝鮮データブック』講談社／一九九七年◉マーク・ゲイン／井本威夫訳『ニッポン日記』筑摩書房／一九五一年◉A・V・トルクノフ／下斗米伸夫＋金成浩訳『朝鮮戦争の謎と真実』草思社／二〇〇一年◉ジョン・トーランド／千早正隆訳『勝利なき戦い・朝鮮戦争』光人社／一九九七年◉児島襄『朝鮮戦争（3）』文芸春秋／一九七七年◉オリバー・ストーン＋ピーター・カズニック／熊谷玲美ほか訳『オリバー・ストーンが語るもうひとつのアメリカ史（2）』早川書房／二〇一三年◉上原善広『コリアン部落』ミリオン出版／二〇〇六年◉小此木政夫『朝鮮戦争』中央公論社／一九八六年◉ディビッド・マス／村山寿美子訳『トラウマ』講談社／一九九六年◉矢野暢『劇場国家日本』ティビーエス・ブリタニカ／一九八二年◉ウィリアム・マンチェスター／鈴木主税＋高山圭訳『ダグラス・マッカーサー』河出書房新社／一九八五年◉鈴木一『天皇さまのサイン』毎日新聞社／一九六二年◉由利静夫・東邦房編『天皇語録』講談社／一九七四年◉ハリー・G・サマーズ・ジュニア／杉之尾宜生＋久保博司訳『アメリカの戦争の仕方』講談社／二〇〇二年◉呉善花『侮日論』文藝春秋／二〇一四年◉朴裕河／佐藤久訳『和解のために　教科書・慰安婦・靖国・独島』平凡社／二〇〇六年◉室谷克実『呆韓論』産経新聞出版／二〇一三年◉浅見雅一＋安廷苑『韓国とキリスト教』中央公論新社／二〇一二年◉井沢元彦＋呉善花『やっかいな隣人韓国の正体』祥伝社／二〇〇六年◉韓洪九『韓洪九の韓国現代史』平凡社／二〇〇三年◉呉善花『なぜ「反日韓国に未来はない」のか』小学館／二〇一三年◉宮塚利雄『「北と南」をつなぐアリランとは何か』小学館／二〇〇〇年◉柳東植『韓国のキリスト教』東京大学出版会／一九八七年◉呉善花『「反日韓国」に未来はない』小学館／二〇〇一年◉歴史探訪シリーズ別冊『だから中国・韓国は嫌われる』晋遊舎／二〇一三年◉クライド・プレストウィッツ／村上博美監訳『ならずもの国家アメリカ』講談社／二〇〇三年

◉著者について
鬼塚英昭（おにづか ひであき）
1938年、大分県別府市生まれ、現在も同市に在住。国定教科書や御用学者・お追従史家、広告代理店隷属の既得権マスコミ各社が流布する日本の歴史に疑義を抱いてタブーに挑み、国内外の膨大な史料を渉猟して常識を覆す数々の発見を繰り返している。その陰には超人的な読書量があり、焼酎と珈琲をこよなく愛する毎日がある。

「反日《はんにち》」の秘密《ひみつ》

朝鮮半島《ちょうせんはんとう》をめぐる巨大《きょだい》な謀略《ぼうりゃく》

◉著者
鬼塚英昭《おにづかひであき》

◉発行日
初版第1刷　2014年8月10日

◉発行者
田中亮介

◉発行所
株式会社 成甲書房

郵便番号101-0051
東京都千代田区神田神保町1-42
振替00160-9-85784
電話03(3295)1687
E-MAIL　mail@seikoshobo.co.jp
URL　http://www.seikoshobo.co.jp

◉印刷・製本
株式会社 シナノ

Printed in Japan, 2014
ISBN978-4-88086-317-7
定価は定価カードに、
本体価はカバーに表示してあります。
乱丁・落丁がございましたら、
お手数ですが小社までお送りください。
送料小社負担にてお取り替えいたします。